ORTIN 1978

MÉRY.

LA GUERRE
DU NIZAM

LA REPRODUCTION DE CET OUVRAGE EST INTERDITE.

VICTOR MAGEN, ÉDITEUR.

5 vol. in-8°. Prix : 18 francs.
LA FLORIDE,
2 vol in-8°. Prix : 12 francs.

LA
GUERRE DU NIZAM.

DU MÊME AUTEUR.

LA COMTESSE HORTENSIA.	2 vol.
LA FLORIDE.	2 vol.
UNE CONSPIRATION AU LOUVRE.	2 vol.

SOUS PRESSE :

LA CIRCÉ DE PARIS.	2 vol.

COMÉDIES EN VERS

L'UNIVERS ET LA MAISON, in-8°.	1 fr. 50 c.
COMÉDIENS ET PARRAINS, in-8°.	60 c.
LE PAQUEBOT, in-8°.	1 fr.

Toute reproduction entière ou partielle de LA GUERRE DU NIZAM est interdite, et sera poursuivie comme contrefaçon.

Victor Magen.

Imp. Dondey-Dupré, rue St-Louis, 46, au Marais.

LA GUERRE
DU NIZAM

PAR MÉRY.

I

PARIS.
VICTOR MAGEN, ÉDITEUR,
21, QUAI DES AUGUSTINS.
—
1847

LA GUERRE DU NIZAM.

UN BAL DE NOCES A SMYRNE.

« Il y avait à Hyder-Abad, un vieux de la Montagne, nommé *Hyder-Allah* (le lion de Dieu) ; il portait à sa ceinture la hache magique de la déesse *Deera*, qui ne reçoit que des victimes humaines sur ses autels. Cet Indien conçut le dessein de délivrer son pays du joug anglais, au moyen d'une association ténébreuse qui, d'adepte en adepte, se répandit bientôt dans toute la province du Nizam, c'était l'association des *taugs*. »

(LA FLORIDE, chap. 4.)

LA GUERRE DU NIZAM.

I

Au nord de Smyrne, à l'embouchure de l'Hermus et sur les bords du golfe, on voit une maison de campagne, bâtie à l'italienne, et qui rappelle surtout le style léger de l'architecture gênoise, illustrée par Carlo-Fontana et Tagliafico. Ce gracieux édifice a vu naître et mourir beaucoup de fêtes. Une anse naturelle lui sert de port; les canots de la ville y abordent, et s'amarrent aux racines des lentisques et des arbustes verts, en déposant leurs passagers sur un sentier d'asphodèles blanches et jaunes, qui conduit à un vaste péristyle de colonnettes de marbre ionien. C'est là que le maître assemble, pour le bal ou le festin, ses invités de la société de Smyrne, la ville surnommée le Paris du Levant.

Un soir de juin 183... cette maison était en fête. On y donnait un bal en l'honneur du mariage du colonel Douglas Stafford, qui allait épouser une jeune fille grecque ennoblie par la mort de son glorieux père et par les vers de lord Byron. On devait signer le lendemain le contrat à l'état civil consulaire, à l'issue du bal. A voir la furie de la danse, quatre heures après le premier coup d'archet, il était facile de présumer que les quadrilles seraient encore en mouvement à midi. La molle Ionie, tant célébrée à cause de sa langueur proverbiale, par des poètes indolents, semblait avoir abandonné cette nuit les rives de l'Hermus. A ce bal, l'Europe, représentée par ses colonies consulaires et ses artistes nomades, donnait un démenti au climat d'Homère, par toutes les langues de l'Occident.

L'orchestre venait de déchaîner un galop d'Auber, et l'éblouissante traînée de fleurs, de pierreries et de femmes, trop à l'étroit dans la vaste colonnade, pour bondir à l'aise jusqu'au dernier souffle, s'échappa comme un nuage d'oiseaux d'une volière, et agrandit la salle du bal en lui donnant pour limite le golfe voisin. Pas une fleur ne resta debout sur le sentier agreste : la joyeuse tempête du galop dévora tout ; des milliers de familles végétales, filles de la mer et du soleil, périrent en un clin-d'œil sous les pieds les plus légers de Smyrne, au son de la musique, au murmure charmant des petites vagues, et dans un délicieux concert de paroles haletantes et d'éclats de rire enfantins.

Un quart d'heure de galop brise la force de l'homme, et même la faiblesse de la femme. Il est triste de dire que le bonheur du bal a seulement quinze minutes à nous donner.

Au retour, par le sentier dévasté comme un sillon d'épis après la moisson, le galop éteint prit l'allure tranquille de la promenade : les jeunes gens n'enlevaient plus les danseuses aux lambris verts de l'allée : ils les reconduisaient avec un calme respectueux à la salle du bal. La folie s'était abaissée jusqu'à la raison. Un seul groupe n'avait pas suivi le reflux du torrent devenu paisible. Cette scission ne diminuant pas à vue d'œil le nombre des danseurs, ne pouvait être remarquée par les maîtres de la maison. Trois jeunes gens et une jeune dame formaient ce groupe. La dame était assise dans un pavillon ouvert sur le golfe, et elle avait engagé avec ses interlocuteurs un de ces entretiens décousus qui naissent au milieu du délire du bal lorsque la respiration haletante trahit le désordre de la pensée dans la faiblesse de la voix.

— La fraîcheur est délicieuse ici, disait-elle en ramenant avec ses mains un peu de symétrie dans le désordre de sa chevelure, nous respirons un instant. Vous me sacrifierez un quadrille, n'est-ce pas, messieurs?

— Nous vous sacrifierons le bal, madame — dit un jeune homme dont la voix n'empruntait pas son émotion à la fièvre des pieds.

— Monsieur Ernest de Lucy, dit la jeune femme en s'inclinant, vous êtes généreux comme un noble artiste que vous êtes.

— Je veux être plus généreux, moi, belle comtesse; je vous sacrifie tous les bals de la saison — dit un autre jeune homme dont la parole, naturellement ardente, semblait contenue par une réserve et un maintien diplomatiques.

— Ah! vous, c'est différent, monsieur Edgard de Bagnerie! je ne veux pas être dupe de votre générosité. Vous visez à une ambassade, et chaque bal où vous figurez est dénoncé à votre chancellerie, comme un crime de lèze-gravité; un avant-deux vous fait reculer d'un an sur la route des ambassadeurs... Et vous, comte Elona Brodzinski, serez-vous généreux comme ces messieurs?

— Excusez-moi, madame, dit le jeune comte polonais, j'ai le malheur de ne pouvoir rien vous sacrifier en ce moment.

— Au fait, c'est juste! dit la comtesse en souriant; nous avons trouvé M. le comte Elona ici, en contemplation devant la mer; il ne cherche pas le bal : c'est le bal qui est venu le chercher.

— Me permettez-vous de vous interroger, madame? dit le comte Elona en faisant quelques pas vers la comtesse. — Vous habitez Smyrne depuis plusieurs années...

— Depuis la mort du comte de Verzon, mon mari... depuis quatre ans.

— Excusez encore mon indiscrétion, madame; vous habitez toujours, dans la belle saison, une maison de campagne voisine du pont des Caravanes?

— Oui, comte Elona, une maison que j'aime

beaucoup, et que je vendrai l'hiver prochain, en versant des larmes sur le contrat.

— Comment! vous vendez ce bijou d'émeraudes! s'écria le jeune Edgard de Bagnerie. Attendez au moins mon consulat ; je l'achèterai.

— Pardon, monsieur Edgard ; probablement nous n'avons pas fini avec le comte Elona...

— Madame, dit le jeune Polonais, pourriez-vous m'affirmer que la caravane de Mételin traversera l'Hermus, cette nuit, là, de ce côté?

— Cette nuit... attendez... nous sommes à la mi-juin... La caravane de Mételin passera dans trois jours.

Le comte polonais fit un mouvement dont le sens était une énigme.

— Comte Elona, dit la comtesse, votre intention est-elle de vous engager dans une caravane?

— Peut-être, madame.

— Rien ne vous y oblige ; c'est une fantaisie, n'est-ce pas?

— Une fantaisie, comme vous dites, madame... Mais la caravane part trois jours trop tard. C'est malheureux.

— Oui, je conçois cette fantaisie... Il y a une idée là-dessous qui me plairait aussi : je vous comprends, monsieur le comte... On sort d'un bal délicieux, étourdissant, et on va se mêler à des dromadaires et des bohémiens, dans un désert. Cela me sourirait comme contraste... Que pensent de notre idée ces messieurs ?

— Je pense, moi, dit le jeune Edgard, qu'il y a quelque chose de mieux à faire au sortir d'un bal...

— C'est ?

— C'est de rentrer dans un autre bal, madame.

— Et avec vous, madame ; je n'ajouterai que ces trois mots, dit Ernest de Lucy.

— M. le comte Elona n'est pas de votre avis, messieurs ; il ne vient au bal que pour accompagner sa carte d'invitation...

Le comte fit un sourire triste.

— Pourtant, ajouta la comtesse, il faut convenir que la fête nuptiale est superbe. Il me semble que j'assiste à mon mariage, rue Neuve-du-Luxembourg, à Paris. Cela me rajeunit de sept ans. Certes, il est permis d'aimer les dromadaires et les bohémiens, mais je leur préfère ce bal.

— Ne trouvez-vous pas, madame, dit le jeune Edgard, qu'un bal de noces excite les invités célibataires au mariage, et que tout le monde devrait se marier le lendemain?

— Eh! mon Dieu! si cela plaisait à tout le monde, pourquoi pas!

— Ces épidémies nuptiales ne sont pas à craindre, dit Ernest de Lucy.

— Ah! dit la comtesse, si toutes les jeunes femmes ressemblaient à notre belle Grecque Amalia, nous trouverions beaucoup de colonels Douglas; chacun réclamerait sa part dans l'épidémie.

— Excepté moi, dit Edgard.

— Et moi, dit Ernest.

— Oh ! vous autres, messieurs, dit la comtesse, on connaît vos opinions sur le mariage, en Asie-Mineure. Vous êtes jugés. Les artistes et les élèves consulaires ne viennent en Orient que dans l'espoir d'épouser quelque harem d'occasion, après la faillite d'un pacha.

— Eh bien ! madame, dit Edgard, essayez une conversion parmi ces jeunes Turcs d'Occident ; donnez l'exemple ; jetez votre mouchoir nuptial à quelque mahométan baptisé ; nous avons ici vingt Parisiennes, vos charmantes compatriotes, qui vous imiteront ; les mœurs de l'Orient seront bouleversées, graces à vous, mesdames, et après les faillites des Pachas, les harems se vendront au rabais pour les approvisionnements du désert.

— Mais la société n'a plus rien à me demander, à moi, monsieur Edgard ; j'ai déjà fait mon devoir. Si je suis veuve, ce n'est pas ma faute ; je ne m'étais pas mariée pour cela.

— C'est donc à recommencer, madame...

— Oui, monsieur, absolument comme une partie de whist interrompue par un accident... D'honneur! vous traitez le mariage sur un ton de légèreté!... Oui, on commence le jeu du mariage avec un partner, on l'achève avec un autre... Monsieur Edgard, vous n'aurez jamais la gravité d'un ambassadeur. A quoi donc employez-vous vos études ?

— J'étudie pour me marier.

— Vous êtes encore à l'alphabet, monsieur Edgard.

— Aussi, je n'ai pas la prétention de passer mon examen de bachelier nuptial cette semaine. A vingt-cinq ans on peut attendre; il n'y a pas de clause expresse de testament qui m'imposera demain un *oui* forcé aux pieds de l'autel.

— Ah! monsieur Edgard, dit la comtesse sur un ton de susceptibilité en apparence naturelle, votre allusion peut avoir le mérite de l'à-propos, mais elle manque de délicatesse française à la porte de ce bal.

— Ceci n'est pas clair pour nous, dit Ernest de Lucy.

Le comte Elona, qui paraissait vouloir rester neutre dans l'entretien, se rapprocha du groupe causeur.

— Comte Elona, dit la comtesse, venez défendre le colonel Douglas. Avez-vous entendu M. Edgard de Bagnerie? il vient d'insinuer, avec une perfidie fort adroite, que le colonel Douglas subit ce soir un mariage forcé.

— Le colonel, dit Elona Brodzinski, se défend lui-même; il a mis sur sa figure tout le bonheur d'un prédestiné.

— Au reste, dit Edgard, je n'ai fait que répéter, à voix basse, ce que Smyrne dit tout haut.

— Soyez de bonne foi, monsieur Edgard, dit la comtesse, croyez-vous qu'une clause de testament soit nécessaire pour forcer un homme à subir le bonheur d'épouser ma jeune amie, notre belle Grecque Amalia?

— J'en appellerai aussi à votre bonne foi,

madame; la clause du testament existe-t-elle ? Voulez-vous que je vous cite les vers de Byron qui célèbrent les fiançailles d'Amalia, encore enfant, et de Douglas Stafford ? Vous savez comme moi, madame, que lord Byron avait pris sous sa protection puissante la petite orpheline de Missolonghi, et que le mariage de ce soir lui donne, par contrat, douze mille livres de dot. C'est beaucoup lorsqu'on n'a rien.

— Tout cela est vrai, dit la comtesse ; mais avouez au moins que le colonel Douglas est dans la rare position d'un homme qui est condamné au bonheur.

— C'est toujours une condamnation, madame.

— Vraiment, monsieur Edgard, vous vous vieillissez terriblement à mes yeux.

— Écoutez, madame ; j'ai vu débarquer le colonel Douglas, l'an dernier, à son arrivée des grandes Indes, et je vous affirme que sa figure portait une profonde teinte de mélancolie, sous une triple couche de soleil : on aurait dit qu'il était traîné à la remorque vers le contrat nuptial.

— Ceci peut aisément s'expliquer, le colonel aime passionnément la guerre de l'Inde. Il commandait, sinon en titre, du moins en fait, l'armée anglaise dans la province du Nizam. De hautes distinctions allaient récompenser de pénibles et glorieux services, lorsqu'il a été appelé à White-Hall pour donner de vive voix des explications sur cette guerre mystérieuse qui désole le Nizam. On conçoit, en pareil cas, le dépit d'un jeune officier de trente ans qui va perdre quinze mois de sa jeunesse pour donner aux ministres, à l'autre bout du monde, des explications qui n'expliqueront rien. De son côté, le tuteur de la belle orpheline grecque s'est emparé du colonel à son passage pour défendre les intérêts de sa pupille ; le tuteur ne voyait lui que douze mille livres de dot aventurés au Malabar ; on connaît l'esprit des tuteurs. Certes, il est permis de croire que le colonel a supporté d'abord avec peine toutes ces contrariétés ; il doit avoir maudit les ministres, les tuteurs et lord Byron ; mais la grâce et la beauté d'Amalia ont eu leur influence inévitable. Le colonel s'est rendu à discrétion ; il a oublié le Nizam ; il a béni lord Byron ; il a fait une donation des douze mille livres à sa fiancée entre les mains du banquier Lhéman ; et pour mettre le comble à sa galanterie, il est devenu amoureux de sa femme avant de l'épouser.

— La comtesse Octavie de Verzon connaît admirablement l'histoire de nos fiancés, dit Ernest de Lucy ; il n'y a rien à répondre à cela.

— Aussi, nous ne répondons rien, dit Edgard.

— Oui, dit la comtesse ; mais il y a des sourires significatifs qui répondent pour vous, monsieur Edgard.

— Eh ! madame ! comment voulez-vous prohiber les sourires !... Excusez-moi, je crois fermement à toute votre histoire, excepté à l'amour du colonel Douglas.

—Oh ! voilà bien les hommes ! ils ne croient jamais à l'amour... Je suis sûre que le comte Elona, qui n'est pas encore perverti par les maximes de la jeunesse française, m'approuve silencieusement au fond du cœur.

Le comte polonais fit un signe de tête affirmatif.

— Ainsi, madame, dit Edgard, avec vos idées sur l'amour, vous préparez de cruels déplaisirs à l'homme qui oserait hasarder une déclaration à vos pieds ?

— Eh ! monsieur, tous les jeunes gens de l'Asie Mineure sont prêts à hasarder une déclaration aux pieds de la même dame ! Je vous demande s'il faut croire à l'amour de tous ces messieurs... A les entendre, ils seraient tous amoureux au même degré. Depuis le commencement du bal, tous mes danseurs ont bégayé quelque chose dans ce genre. L'amour ne se déclare pas ; il se prouve. Voilà ce que vous ignorez, messieurs.

— Madame, dit Ernest de Lucy, la folie d'un

bal de noces nous donne quelque liberté ; cette nuit, et pour mon compte, je veux en user. Ces occasions sont rares. Demain nous vous reverrons dans la majesté imposante de votre costume de ville ; il faudra s'incliner et passer. A cette heure, vous êtes accessible comme une simple mortelle. Le bal a fait descendre l'Olympe sur les bords de cet Hermus où il a été créé. Nous pouvons vous parler face à face, comme si nous étions vos égaux. Madame, vous êtes jeune, belle, riche, adorée. Tous ceux qui vous verront doivent tomber à vos pieds au premier signe de votre main. Quelles preuves demanderez-vous à celui que vous retirerez de la poussière pour l'élever jusqu'à vous?

— C'est une demande indiscrète, monsieur de Lucy, mais la liberté du bal excuse tout, vous avez raison, et je vous répondrai... j'aime les voyages, les émotions, la vie turbulente et imprévue. Une femme isolée, comme moi, doit se résigner à la monotonie d'une existence casanière et aux ennuis d'une richesse oisive et inutile. Ainsi, pour vivre selon mes goûts, il faut que je me marie une seconde fois. Je me donnerai deux ans de réflexion. Un second mariage est plus sérieux que le premier, parce qu'une veuve sait très bien ce qu'elle fait. L'homme que je pourrais choisir serait celui qui attacherait à mon anneau nuptial le souvenir ineffaçable d'une action grande ou vulgaire, mais inventée pour me plaire, et accomplie pour moi. Dans les mauvais jours de la vie; dans les moments où l'affection doute; dans les heures où l'amour perd une illusion et marche vers un regret, je me sauverai moi-même avec ce souvenir ; ce serait un remède moral qui me rendrait ma lune de miel. Mon époux paraîtra toujours devant moi précédé de cette action, qui fut l'éclatante et incontestable preuve de son amour. Le malheur du veuvage enlève du moins aux jeunes femmes la candeur étourdie du couvent : elles ne sont plus exposées aux surprises ; elles ne jouent pas la tranquillité de leur vie avec le premier jeune fou venu, converti la veille à la foi du mariage par le cinquième acte d'une comédie, et qui se présente escorté d'un notaire et de ses parents. Je veux donc profiter de mes avantages, et voilà ce que j'ai résolu... Il y a eu des époques en France où les amoureux n'auraient osé déclarer leur passion, si elle n'était déjà prouvée dans un tournoi, une bataille, une croisade. C'était l'âge d'or de notre sexe. Les hommes ont fait une révolution tout exprès contre nous ; ils se sont tous proclamés rois absolus, depuis l'invention de la liberté. Nous sommes vos humbles esclaves. Eh bien ! il faut que, de temps en temps, quelque courageuse femme fasse une petite contre-révolution à son profit, et abolisse la loi salique dans sa maison. L'exemple se propagera, j'espère, et nous aurons peut-être un jour notre Restauration, messieurs.

— Vous avez le tort d'avoir perpétuellement raison, madame, dit M. de Lucy en s'inclinant ; il est impossible...

— Oh ! monsieur de Lucy, trêve aux compliments, dit la jeune femme en faisant un gracieux mouvement d'épaules ; les hommes se trompent fort, s'ils croient avoir remplacé les croisades et les tournois par de banales phrases d'adulation ; le dévoûment du madrigal est très commode. Monsieur de Lucy, donnez-moi votre bras, nous avons perdu une contredanse ; c'est irréparable. Il ne faut pas doubler cette perte ; rentrons au bal. Monsieur Edgard, vous nous accompagnez, n'est-ce pas ?... C'est que je vois déjà là-bas quelque chose de noir sur la mer qui m'alarme... Oh ! ne vous effrayez point messieurs... c'est mon canot. Mes domestiques trouvent probablement le bal trop long, puisqu'ils ne dansent pas, et ils viennent me chercher. Si je les attends, j'aurai pitié d'eux, et je quitte la fête trois heures avant la fin... On est aussi l'esclave de ses domestiques !... Les philantropes devraient bien demander quelque jour l'affranchissement des maîtres. Oh! j'attendrai le soleil ici ; c'est décidé. Ma maison de campagne est inhabitable la nuit ; c'est le palais de l'insomnie : aussi je la vends. Impossible d'y dormir ; il y a un concert de marécage désolant qui croasse dans mon alcôve et fera le malheur de mes nuits d'été. Il me faudrait un bal tous les jours, après le coucher du soleil, jusqu'à l'aube, seulement encore pendant quatre mois... Comte Elona, vous ne paraissez pas disposé à nous suivre à la contredanse, vous ? Je vous fais une prière. Dites à mes domestiques, lorsqu'ils débarqueront ici, que je leur donne cinq heures de congé. Je leur serai bien reconnaissante s'ils me dispensent de leur obéir jusqu'au lever du soleil... Monsieur Ernest de Lucy, songeons au programme ; l'heure de notre duo de *Tancredi* va bientôt sonner.

Elona Brodzinski ne répondit que par ses gestes, et bientôt il se trouva seul sur le bord de la mer.

Le canot aperçu confusément dans le lointain avançait avec une rapidité merveilleuse ; aussi, il était difficile de supposer qu'il avait pour rameurs deux domestiques de la comtesse Octavie de Verzon. Douze rames vigoureusement conduites, fendaient d'un seul coup l'eau du golfe, et remontaient en secouant une rosée phosphorescente qui éclairait à chaque élan des faces brunes de marins.

Le comte Elona descendit au débarcadère à tout hasard pour exécuter les ordres de la jeune dame; mais il s'aperçut bientôt que ce n'était point là le canot attendu.

Un homme de taille haute et fière, vêtu avec une suprême élégance, et dont le visage, éclairé par les étoiles, avait un admirable caractère de douceur, d'audace et de distinction, s'élança du canot sur la rive, et se trouva face à face avec le comte Elona.

— Monsieur, dit-il à peine débarqué, je ne crois pas mettre trompé; c'est bien ici le petit port de la maison de campagne du consul?

— Oui, monsieur, dit Elona.

— On y donne une fête pour le mariage du colonel Douglas?

— Oui, monsieur.

— Je n'ai pas l'honneur d'être invité ; je ne suis pas présenté au consul ; il faut pourtant que je parle au colonel Douglas ; puis-je espérer de votre obligeance que vous donnerez cette carte de visite au colonel? Je réclame cela de vous, monsieur, comme un service, dont je vous serai très reconnaissant.

Le comte Elona prit la carte, et regarda le canot avec une attention singulière.

L'inconnu, nouveau débarqué, fit un mouvement d'impatience qui signifiait, eh bien ! vous ne répondez pas ! vous ne partez pas !

— Monsieur, dit le comte Elona, vous pouvez entendre d'ici le son des instruments ; on vient de commencer un quadrille ; je ne pourrai aborder le colonel Douglas qu'après la contredanse; ainsi nous avons le temps d'échanger quelques mots. Ce canot vous appartient-il, Monsieur?

— C'est le canot du paquebot à vapeur le *Cylon*.

— Monsieur, afin de mériter votre confiance,

je vais vous dire mon nom. Je suis le comte Elona Brodzinski, proscrit de Varsovie, et le nom de mon père est sans doute arrivé jusqu'à vous dans la récente guerre de notre indépendance ; j'étais son aide-de-camp lorsqu'il commandait un corps d'armée sur la rive droite de la Vistule, et Dieu m'a refusé la grâce de mourir avec les miens.

L'inconnu prit les mains du comte et les serra vivement ; puis il dit :

— Mon nom n'a pas le bonheur d'être illustre comme le vôtre : je suis sir Edward Klerbbs, citoyen du monde et l'ami des proscrits et des malheureux.

— Sir Edward, le *Cylon* fera-t-il une longue station à Smyrne ?

— Il part demain pour Alexandrie, avant le lever du soleil.

— Demain !... c'est un coup de providence !... Sir Edward, si vous êtes l'ami des malheureux, vous devez avoir rendu quelquefois des services....

— Ceux qui m'en demandent me les rendent, à moi, en me les demandant. Parlez, comte Elona.

— Sir Edward, je croyais pouvoir partir cette nuit avec la caravane de Metelin, mais elle ne passera que dans trois jours. Il m'est impossible d'attendre trois jours. Le soleil de demain doit me tuer, sir Edward. Connaissez-vous le commandant du *Cylon?*

— C'est mon intime ami.

— Eh bien ! demandez-lui pour moi six pieds de cabine à son bord.

— Voilà tout, comte Elona?

— Je vous demande la vie, sir Edward.

— Au lever du soleil, vous aurez ma propre chambre à bord du *Cylon.*

— Sir Edward, ne faites pas les choses à demi ; je ne veux plus rentrer au bal. Donnez-moi deux lignes pour le commandant du *Cylon,* et je pars tout de suite. Il ne faut que vingt minutes à ce canot pour m'amener au paquebot et rentrer ici.

— Mais, comte Elona, vous avez oublié que j'ai besoin de vous pour remettre ma carte au colonel Douglas...

— Pardon ! pardon ! sir Edward. Excusez-moi... ma tête brûle... j'oublie tout... tout, excepté la seule chose qui me tue... Oui, je vais donner votre carte au colonel Douglas, et...

— Et après, comte Elona, je vous prête ce canot pour vingt minutes. Quand vous me rejoindrez, votre billet d'introduction auprès du commandant du *Cylon* sera écrit. Service pour service, comte Elona.

— Celui que je vais vous rendre, sir Edward, est insignifiant ; il ne sauve la vie à personne.

— Peut-être.

— Adieu, sir Edward ; à bientôt. La contredanse va finir.

— Prudence et discrétion, comte Elona.

Lorsque le jeune proscrit polonais entra au bal, l'ivresse de la danse était à son comble. Le quadrille où figurait la belle fiancée avait une triple ceinture de spectateurs de toutes les nations, au milieu desquels se faisaient remarquer les jeunes officiers des marines française et anglaise. Les regards animés par une curiosité irritante couraient du colonel à la fille grecque, l'épouse du lendemain. La comtesse Octavie dansait avec le futur époux, et sa grâce et sa beauté soulevaient encore des concerts d'éloges, à côté de l'héroine de la fête. Il était facile de voir que des passions orageuses et voilées grondaient autour de la noble et belle veuve, car les yeux de quelques jeunes gens ne s'égaraient jamais autour d'elle dans un éclair de distraction, et pour ces timides et ardents adorateurs, la comtesse Octavie était la reine et la seule femme du bal.

Elle, avec cette merveilleuse expérience des femmes qui courent vers leur trentième année, à travers les fêtes et les adorations, elle, la comtesse Octavie, saisissait au vol les moindres détails de regards et de pensées que le tourbillon du bal emportait avec une furie éblouissante. Les plus habiles observateurs n'auraient jamais accordé cette spontanéité de regard sibyllin à ce front charmant, couronné de fleurs et de grâce ; à ces yeux noirs, étincelants de joie enfantine et de naïve étourderie ; à cette femme adorable qui semblait n'écouter que l'orchestre et ne regarder que son image, en courant comme un lutin devant les hautes glaces de la salle du bal. Rien n'échappait à cette sagacité infaillible qui, dans le tumulte des pieds, des voix, des instruments, recevait de sombres confidences que des lèvres muettes refoulaient en vain au fond des cœurs. Il y avait là des diplomates, des élèves en ambassades, des secrétaires de chancellerie, des politiques profonds, tous les consuls européens, tous les agitateurs du destin du monde : pas un d'entre eux ne remarquait la tristesse sourde qui était au fond de cette joie, le nuage qui se levait dans ce bal azuré. Un consul disait : — La jeune mariée n'a pas une figure de noce. — Un diplomate répondait : — Oh ! les femmes à cet âge, il faut les connaître ! Elles dissimulent déjà leur joie intérieure comme des coquettes de cinquante ans. Ma femme a pleuré à son bal de mariage ; oui, monsieur, un mariage d'amour ! — Un scrutateur de la question d'Orient disait : — Le colonel Douglas a un air grave qui sied peu à la fête. On dirait qu'il médite une descente dans quelque souterrain du Nizam. — Un équilibriste du destin européen répondait : — Oui, le colonel me paraît un de ces militaires qui ne reculent pas devant l'ennemi, mais qui battent en retraite devant le bonheur. La fiancée est belle à ravir ; elle a pris au genre féminin grec tout ce qu'il a de séduisant et de gracieux dans la figure, le corps et le costume. C'est la Vénus de Médicis, avec le charme du sensualisme moderne, bien préférable à la sécheresse imposante de la divinité. Je conçois qu'un homme s'effraie de ce bonheur, à la veille de le saisir. Quand l'épouse est trop belle, il y a beaucoup de poltrons au pied des autels. La jeune Amalia sera belle ainsi trente ans encore. C'est un long souci pour un époux !

La comtesse Octavie n'avait pris aucun grade en diplomatie orientale, mais son œil perçait les ténèbres lumineuses de ce bal.

La contredanse terminée, elle quitta le bras du colonel Douglas, et, sans la moindre affectation de démarche, elle perça la foule et arriva comme par hasard devant le comte Elona.

— Comte Elona, lui dit-elle, vous avez inventé pour la contredanse une figure polonaise que je n'aime pas... Mon Dieu ! qu'avez-vous donc ? vous êtes pâle comme un naufragé d'hiver.

— Madame, — dit le comte avec une voix presque éteinte, — j'ai exécuté vos ordres ; j'ai attendu vos domestiques ; votre canot n'est pas arrivé. Me permettez-vous, madame, de vous quitter un instant ? J'ai deux mots à dire au colonel Douglas.

— J'allais vous demander un tour de promenade sur la terrasse... Oh ! quel effroi vous a saisi, comte Elona!... C'est bien!... vous me refusez! il paraît que vos affaires vous retiennent impérieusement ici, quand vous ne méditez plus sur le bord de la mer.

— Pardon, pardon, madame, excusez-moi... plus tard je vous expliquerai...

— Comte Elona, je vous engage pour la première contredanse... Vous me refusez encore! Ah! ceci devient inexplicable...

— Au nom de Dieu! madame, permettez-moi de m'éloigner une minute...

— Un mot, comte Elona. Je ne vous ai pas perdu de vue un seul instant pendant la dernière contredanse. Vos lèvres avaient la fièvre, et vos yeux avaient des éclats de vengeance et de mort. Vos yeux se sont fixés sur le colonel et ne l'ont pas quitté... Comte Elona, je vous devine, vous méditez quelque chose d'atroce... Je vous défends d'adresser une seule parole au colonel Douglas... vous obéirez, j'espère, à une noble dame française, noble comte polonais.

Cette petite scène, jouée par deux personnages dans un angle du péristyle, passait inaperçue au milieu du mouvement de la fête. Pour donner le change à quelques jeunes observateurs qui de loin la suivaient toujours et la reconnaissaient à la cime de sa chevelure, la comtesse Octavie affectait dans ses poses et ses gestes une allure étourdie, très opposée au sérieux de ses paroles. Le comte Elona, qui ne savait rien feindre, lui, ressemblait à une protestation vivante de l'enfer contre la joie d'un bal. On aurait cru voir un spectre écoutant les joyeuses confidences d'une jolie femme au coup de minuit, avant de rentrer dans son tombeau.

— Madame, dit-il, je vous jure de vous obéir; je ne dirai pas un seul mot au colonel Douglas.

— Aujourd'hui et demain, comte Elona.

— Oui, madame... cependant il faut que je lui fasse parvenir cette carte; c'est un engagement...

La comtesse saisit avec vivacité la carte de sir Edward, et la déchirant sans la lire, elle dit d'une voix sourde, mais irritée :

— Comte Elona, vous méconnaissez les devoirs de l'hospitalité ; cette carte est un défi. Depuis le commencement du bal je vous suis des yeux, et je ne m'égare pas sur vos intentions. Vous ne pouvez pas tromper le regard d'une femme. Comte Elona, vous envoyez un cartel au colonel Douglas ; c'est indigne ! Je lis depuis longtemps au fond de votre cœur, et je vais vous dire toute votre pensée... Vous aimez une femme qui doit se marier demain : cet amour vous tue, et vous voulez vous sauver par un acte de désespoir. Suis-je bien inspirée ? répondez-moi ; vous répondez en vous taisant. J'ai donc bien vu ce que j'ai vu.

En ce moment un prélude d'orchestre se fit entendre. Le colonel Douglas s'avança vers la comtesse Octavie, lui offrit son bras et la conduisit à l'autre extrémité de la salle, devant le pupitre où l'attendait le duo de *Tancredi*.

Le jeune Edgard de Bagnerie avait déjà pris place au premier rang, pour écouter le duo. La comtesse ouvrit la feuille de musique, et feignant de désigner du doigt en souriant une ligne de notes à son voisin :

— Monsieur Edgard, dit-elle, voulez-vous me plaire ? Eloignez-vous nonchalamment et sans affectation, et surveillez jusqu'à l'aube tous les pas du comte Elona Brodzinski.

Un profond silence s'établit dans le vaste péristyle; la foule se replia sur les banquettes, de manière que le milieu de la salle resta vide. Les intervalles des colonnettes furent remplis par les invités qui n'avaient pu s'asseoir. La comtesse Octavie et M. Ernest de Lucy allaient commencer le duo de *Tancredi*, lorsque le consul d'Angleterre traversa la salle et vint parler au maître de la maison. Celui-ci témoigna par ses gestes une grande et joyeuse surprise, et dit quelques mots à l'oreille du colonel Douglas.

A la faveur du mouvement mystérieux que

cet incident excita dans la salle, Edgard Bagnerie lança un coup d'œil d'intelligence à la comtesse, et courut se placer à son poste d'observation, dans le voisinage du comte Elona.

Le colonel Douglas ne fit remarquer qu'à ses plus proches voisins une légère contraction sur sa figure. La comtesse Octavie rejeta gracieusement sa tête en arrière, et prenant la main du colonel :

— Pouvons-nous commencer notre duo? dit-elle; si vous me gardez cinq minutes encore dans cette pose, à l'état de statue, je ne réponds plus de ma voix.

— Comtesse Octavie, dit le colonel avec un sourire forcé, c'est un noble étranger qui demande à être introduit sur la recommandation de son consul.

— Ainsi, nous sommes à la disposition de ce noble étranger pour commencer notre duo.

— Ce n'est qu'un retard de quelques minutes, belle comtesse... le voilà.

Sir Edward traversa la salle dans toute sa

longueur, et vint présenter ses hommages aux maîtres de la maison. A peine le nom du célèbre explorateur de l'Inde eut-il circulé dans les groupes, qu'un murmure d'admiration éclata partout. Le duo de *Tancredi* commença, mais il n'arrivait qu'à des oreilles distraites. Les yeux étaient fixés sur le noble étranger, et l'on se racontait tout bas quelque trait de cette existence héroïque et mystérieuse, qui ne connaissait d'autre patrie que l'univers. Sir Edward, debout, dans une attitude pleine de noblesse et de simplicité, ne témoignait ni fierté, ni surprise, ni émotion; il ne répondit par aucun regard de complaisance à la curiosité enthousiaste de la foule; il écouta le duo avec une attention feinte ou vraie, mais qui attestait chez lui un profond sentiment des convenances. Le chant terminé, il applaudit les artistes amateurs, et il dit au colonel Douglas : — Je viens de quitter à King's-Theatre la voix de madame Pasta, et je la retrouve ici.

— Oh! nous savons depuis longtemps, dit

la comtesse Octavie, que sir Edward est galant comme un Français.

— Excusez-moi, madame, dit sir Edward, je ne voulais pas être entendu. Cela m'enlève tout le mérite de la galanterie que vous me supposez. Il ne me reste que la sincérité de l'éloge.

— Sir Edward, je devrais être jalouse de vous...

— Oh! je vous en prie, madame, suivez cette inspiration.

— Votre arrivée aux premières notes de mon duo m'a fait une terrible concurrence. Que n'êtes-vous venu un quart d'heure plus tard! Vous avez seul le droit d'entrer à une fête, le lendemain, parce que vous arrivez toujours des Grandes Indes quand vous arrivez; et l'on a des égards pour le retardataire, en considération du chemin. Ce quart d'heure me donnait un succès fou.

— Vous avez été adorable, Madame, comme au concert que vous nous avez donné l'an dernier dans votre délicieuse maison de la rue des Roses. Je n'oublierai jamais cette fête. J'arrivai des Indes, cette fois; je n'arrive que de Londres aujourd'hui, et je n'avais pas le droit d'arriver trop tard.

— Sir Edward, M. Ernest de Lucy demande à vous être présenté. Dans nos concerts il se fait ténor ou baryton pour me seconder à merveille.

Ernest de Lucy et sir Edward échangèrent un salut de présentation.

— Vraiment, dit sir Edward en partageant ses regards entre la comtesse et M. de Lucy, vous me donnez de vifs regrets; il m'est bien pénible de penser que je vous ai entendu chanter votre duo pour la dernière fois...

— Quelle idée, sir Edward ! dit la comtesse; pour vous donner un démenti, nous vous le chanterons demain à ma maison de campagne, après la célébration du mariage du colonel Douglas et de ma chère Amalia.

— Comtesse Octavie, au lever du soleil je serai déjà bien loin d'ici...

— Oh! vous êtes révoltant, sir Edward! vous abusez de la locomotion!... Eh! que venez-vous donc faire ici, au coup de minuit, comme un fantôme de votre Anne Radcliff?

— Comment, vous ne le devinez pas, belle comtesse! — dit Edward sur le ton innocent du badinage, — je traversais la mer, j'allais aux Indes; on m'a dit que la comtesse Octavie allait chanter un duo de Rossini, au bord du golfe, et j'ai fait jeter l'ancre un instant pour vous écouter et danser avec vous.

— Non, sir Edward; parlons sérieusement, puisqu'on ne danse pas. Une idée vous a conduit ici; mes yeux ne se trompent jamais; vous avez remis à votre consul un pli énorme lorsque vous êtes entré. Vous avez même fait cela fort adroitement pour tout le monde, excepté pour moi.

— Ah! vous êtes mon maître, madame! je m'incline devant votre intelligence. Vos yeux ne se contentent pas d'être beaux; ils sont redoutables de toutes les manières. Puisque vous avez tout vu, je ne veux rien nier. Voici donc le but de mon débarquement au bord de l'Hermus. Le ministre m'a confié des dépêches pour notre consul.

— Et il paraît, sir Edward, que vos dépêches sont très importantes, puisque votre consul a quitté le bal en emmenant avec lui le colonel Douglas?

— Oui, madame, j'ai remarqué cela aussi.

— Sir Edward, avec vos yeux indiens, vous n'avez pas percé l'enveloppe du pli ministériel?

— Oh! je respecte les secrets d'état.

— Mais vous les devinez dans l'occasion?

— Non, madame, j'attends que tout le monde les connaisse pour les deviner. C'est alors qu'ils deviennent obscurs.

— La conversation sur les dépêches se prolonge entre votre consul et le colonel Douglas. La belle fiancée a des inquiétudes : heureusement on la reconduit au quadrille. Voici une nouvelle contredanse. Sir Edward, cela ne vous détourne pas beaucoup de la route des Indes ; puis-je vous engager cinq minutes comme danseur ?

— Par habitude, madame, j'oublie toujours de refuser. Je ne changerai pas mes mœurs au premier ordre qui me vient de vous.

Sir Edward et la comtesse Octavie se placèrent au quadrille ; et dans les intervalles des figures, l'entretien continua.

— Comment trouvez-vous notre jeune mariée, sir Edward ? dit la comtesse, vous qui arrivez du Lancastre, où la beauté des femmes console de l'absence du soleil.

— Madame, dit sir Edward, ma réponse est dans votre demande. Votre jeune amie, cette Grecque charmante, a fort heureusement échappé à la beauté classique de son pays, et son visage a corrigé, par la grâce des contours, l'exactitude glaciale du profil droit. Ses yeux d'iris, lumineux et limpides, ont une pensée dans chaque regard ; ils sont doux et vifs, et promettent un avenir plein de calme ou d'orage, au choix de l'époux. L'île de Paros n'a pas dans ses carrières un filon blanc et pur comme son col et son front. Il faudrait lui chanter en chœur ce refrain grec : « Femme, laisse tomber tes voiles et demande des autels ! » On dirait, madame, que votre amie est aussi votre sœur.

— Ah ! sir Edward, vous analysez fort bien les ouvrages grecs...

— Et je les traduits en français, à la fin, comme vous voyez, madame.

— Oui, vous avez l'habitude d'être galant, sir Edward...

— C'est une habitude que j'ai prise dans les déserts de l'Afrique et de l'Asie... Vraiment, madame, vous êtes injuste, et vous me traitez en Européen. Moi, galant par habitude, comme un dandy de *Kensington-Garden* ou du boulevard de Gand ! J'ai passé la moitié de ma vie avec des matelots, et l'autre moitié avec des tigres et des éléphants. On apprend une singulière galanterie en pareille société !

— Oh! sir Edward, ne vous faites pas si Robinson Crusoé ! Nous connaissons la douceur de vos mœurs sauvages. On a publié à Londres vos histoires secrètes. Vous avez apprivoisé des tigresses à cheveux blonds...

— Madame, j'ai passé toute ma vie au grand soleil, et mes histoires sont claires comme le jour. Si j'avais eu l'art d'apprivoiser une tigresse, elle serait à mes côtés aujourd'hui, et elle porterait mon nom.

— Comme vous êtes sombre en disant cela, sir Edward !

— C'est un nuage qui me traverse l'esprit, et que l'air de la danse a dissipé... Vous m'effrayez, madame; vos yeux saisissent au vol un éclair ! on ne vous confierait pas une dépêche, scellée du lion et de la licorne, comme on me la confie, à moi, pauvre innocent. Une enveloppe de parchemin ministériel serait transparente pour vous, comme un tissu de crêpe chinois.

— Sir Edward, je crois que nous jouons au plus fin.

— Alors, madame, j'ai perdu, en commençant le jeu.

— Dansez-vous ordinairement, sir Edward?...

— Quelle question, madame?...

— Une question comme une autre... Dans une contredanse, avec ces interruptions continuelles, il est impossible de tenir un entretien suivi... On parle au hasard... Je ne me rappelle plus ce que je vous ai demandé.

— Madame, voici ma réponse à votre question oubliée : je danse toujours dans un bal.

— C'est encore une habitude que vous avez prise avec votre société du désert.

— Vraiment, madame, vos lèvres et vos yeux parlent à la fois, avec deux paroles et deux pensées différentes ; je n'écoute que vos yeux, et je ne les comprends pas...

— Vous les comprenez trop, sir Edward!

dit la comtesse d'un ton sérieux qui succéda sans transition à la feinte légèreté du badinage.

— Écoutez, sir Edward, et voyez si je devine la situation... En ce moment, vous n'êtes pas mon danseur, vous êtes mon geôlier... Oh ! vous avez beau sourire et regarder le plafond à la case des énigmes, vous me comprenez... Il se trame quelque chose d'infernal contre ma jeune amie Amalia... L'étourdie, elle danse !... Et moi aussi je danse, et je ne suis pas là où il faut être pour la défendre !

— Madame, — dit Edward avec un calme digne, — contenez-vous encore quelques instants, tous les regards sont fixés sur vous ; il y a de l'inquiétude sur les visages de notre quadrille ; on va croire que je vous ai insultée.

— Oh ! ceci devient horriblement clair ! — dit la comtesse sans écouter les paroles d'Edward. — Regardez au fond des salles... il y a une agitation menaçante... les domestiques du colonel Douglas courent partout avec un empressement significatif... Sir Edward, vous avez prêté votre nom et votre main à une ténébreuse machination!... Un gentilhomme ! c'est infâme !

Le bruit de la danse, le murmure éclatant des paroles, le fracas de l'orchestre couvraient la voix de la comtesse Octavie ; elle n'était entendue que d'Edward. La figure de la jeune femme avait des éclairs de colère, lancés à propos dans les yeux de son danseur ; puis elle reprenait subitement le plus adorable des sourires, pour donner le change aux voisins. Sir Edward, qu'aucune voix d'homme ou de bête fauve, aucun rugissement du ciel, de la terre et de l'océan ne pouvait émouvoir, tremblait en écoutant cette voix de femme qui, même dans son expression irritée, gardait sa mélodie de grâce et d'amour.

La contredanse finie, sir Edward conduisit la comtesse vers le coin de la salle, où Amalia venait de s'asseoir ; et, chemin faisant, il avait bégayé, avec l'émotion d'un criminel, ces paroles peu justificatives :

— Madame, si votre langage eût été plus clair, j'aurais répondu, j'espère à votre satisfaction ; je suis incapable d'une déloyauté. Bientôt l'évènement répondra pour moi.

— Oui, aux Indes, dit la comtesse Octavie.

Et elle salua sir Edward ; et, traversant la foule d'un pas rapide, elle chercha M. Edgard de Bagnerie, pour connaitre le résultat de la commission qu'elle lui avait donnée.

— Madame, lui dit Edgard, voici ce que j'ai vu : Le comte Elona était dans la plus vive agitation, mais personne ne le remarquait ; tous les yeux étaient fixés sur vous et sir Edward. Il est sorti sur la terrasse pour respirer un peu de fraîcheur, car la fièvre empourprait son visage. En ce moment, un homme vêtu à la créole, et qui avait des yeux de flamme sur une figure cuivrée, s'est approché du comte Elona et lui a remis un billet. Un entretien vif et court s'est établi entr'eux. Une détermination subite a été prise ; ils ont quitté la terrasse et se sont dirigés vers la mer. Je les ai suivis. Le comte Elona s'est embarqué sur le canot du paquebot anglais. A cette heure, il est à Smyrne, sans doute, et je l'y trouverai au lever du soleil, si vos ordres l'exigent.

— Nous verrons. Merci, dit la comtesse Octavie avec une voix sourde.

Et elle monta aux appartements pour trouver le colonel Douglas, dont la longue absence ne justifiait que trop des pressentiments sinistres.

Le colonel, le consul anglais et le tuteur d'Amalia se promenaient au pas de course dans une galerie, lorsque la comtesse parut subitement au milieu d'eux.

— Un coup de foudre! madame, dit le colonel en élevant ses mains croisées sur son front.

— Un coup de foudre prévu, dit Octavie d'un ton strident.

— Prévu, madame! oh! vous êtes injuste dans votre pensée! Comment prévoir cet ordre du ministre! Lisez, madame, la dépêche...

— Je l'ai lue, colonel, avant le ministre qu l'a écrite.

— Madame, le service de Sa Majesté...

— Le service de Sa Majesté, colonel, peut attendre huit jours, et vous allez partir aujourd'hui, j'en suis sûre... n'est-ce pas ?

Un silence de quelques instants.

Le tuteur d'Amalia prit un ton calme et dit :

— Les intérêts de mademoiselle Amalia sont sauvegardés.

— Oh! voilà bien le langage d'un tuteur! dit la comtesse avec un sourire fou : on donne la dot comme la rançon de la liberté du mari !...

— Mais au nom de Dieu, madame, dit le colonel, lisez la dépêche... Voilà ma justification... L'ordre du ministre est formel, inexorable... Il ne me laisse pas une heure de liberté... Savez-vous bien, madame, qu'une heure perdue peut mettre en péril la vie de dix mille soldats? La province de Nizam est en feu. Nos meilleurs officiers ont péri. L'armée de Golconde n'est plus qu'un corps sans tête. De sinistres nouvelles sont parvenues au *Foreing-Office*. On m'a fait l'honneur de me croire nécessaire, il faut que je réponde à la confiance du roi. Il faut que je parte pour cette guerre lugubre, où tant de jeunes et nobles têtes ont disparu. Voulez-vous que, pour mon cadeau de noces, je donne à ma femme un veuvage à peu près certain? Voulez-vous que je l'entraîne avec moi sur ce théâtre de désolation et de mort? Voulez-vous que je sois son époux d'un jour et que je l'abandonne le lendemain en ne lui laissant que mon nom? Soyez juste, Octavie, si vous êtes vraiment l'amie d'Amalia; soumettez-vous comme moi, comme nous tous, aux terribles exigences du moment, et attendez avec nous ce que nous réserve l'avenir.

La comtesse Octavie croisa les bras sur sa poitrine haletante, inclina sa tête sur l'épaule gauche, et lançant au colonel la pointe acérée d'un regard, elle dit :

— Colonel, vous n'aimez pas Amalia ; voilà tout ce que m'a prouvé votre discours.

— Madame, en ce moment, vous pouvez m'accabler de toutes les manières. Je ne sais pas ce que j'aime, je ne sais pas ce que je déteste ; je sais que le plus impérieux devoir, que la plus terrible mission m'appelle à l'autre bout du monde, et que ces deux mains doivent être libres de tout lien pour tirer mon épée du fourreau.

A ces mots, le colonel s'inclina respectueusement et entra, suivi du consul, dans un salon voisin.

Le tuteur d'Amalia se rapprocha de la comtesse, et lui dit :

— Au reste, dans tout ceci, madame, les intérêts de notre belle enfant sont sauvegardés.

— Oh ! monsieur, s'écria la comtesse, n'êtes-vous pas honteux d'avoir déjà dit cela une fois ?

Elle descendit à la salle de bal en murmurant des paroles sourdes qui ressemblaient à une menace, et qui peut-être aussi formulaient quelque énergique détermination.

L'orchestre s'était dégarni depuis longtemps, la majeure partie des invités avait suivi les musiciens ; la fête ne finissait pas : elle s'écroulait.

Amalia causait tranquillement dans le dernier groupe composé d'intimes. A voir le calme de la jeune fiancée, on aurait dit qu'elle ignorait encore son malheur, et qu'il n'y avait autour d'elle personne d'assez hardi pour le lui annoncer.

Au premier signe de la comtesse, Amalia quitta le groupe, et les deux amies, enlacées l'une à l'autre, sortirent sur la terrasse.

— Je sais tout, ma chère Octavie, dit Amalia sur le ton de l'indifférence ; ainsi, vous n'avez plus rien à m'apprendre.

— Comme elle le prend à l'aise ! dit Octavie; c'est impossible, mon ange, tu ignores encore quelque chose. Sais-tu que le colonel part avant le lever du soleil ?

— Oui.

— Avant le mariage ?

— Oui.

— Et qu'il va se battre aux Indes ?

— Oui.

— Et qu'il ne t'épouse pas ?

— Oui.

— Voilà quatre *oui* merveilleux, mon ange ! — dit la comtesse en s'inclinant devant Amalia. — C'est de la philosophie grecque toute pure, et je ne la comprends pas.

— Mais, dites-moi, ma belle Octavie, donnez-moi un conseil ; à ma place, que feriez-vous ?

— Je m'opposerais au départ du colonel. Il y a une justice à Smyrne, comme partout.

— Vous feriez un procès à un homme pour le forcer à vous épouser ?

— En ce cas, oui ; je ne balancerais pas. Je sommerais le consul de sa nation de me rendre justice à l'instant.

Oh ! quel scandale ! chère Octavie ; vous ne réfléchissez donc pas ?

— Amalia, — dit la comtesse en s'animant à

chaque mot, — Amalia, ce n'est pas la perte d'un mari que je déplore pour toi en ce moment; à ton âge, avec ta beauté, on trouve à chaque bal un mari qui vaut toujours mieux que celui de la veille. Aujourd'hui, ce qu'il y a d'ineffaçable, de malheureux, d'accablant, c'est le ridicule. Demain, tu seras la fable de la ville; on se moquera de toi chez les consuls; après le rire viendra la médisance; après la médisance la calomnie. La calomnie! entends-tu, mon ange!... Enfant, tu crois que le monde raconte les choses comme elles arrivent. Ce ne serait pas assez amusant pour le monde; il est trop ennuyé pour se contenter de l'histoire, il lui faut le mensonge. Demain, le monde te déshonorera.

— Je me résigne, chère Octavie ; il faut subir le monde comme il est. Le colonel Douglas est libre de tout engagement; je ne dirai pas une parole, je ne ferai pas un geste pour le retenir.

— Tu ne l'aimais donc pas, le colonel Douglas ?

— Quelle question ! Vraiment, Octavie, je ne te reconnais plus ; on dirait que c'est toi que le colonel abandonne...

— Tu ne l'aimais donc pas ?

— A peine l'ai-je vu trois fois dans ma vie... J'attendais d'être sa femme pour essayer de l'aimer.

— Quel sang-froid de jeune fille !... C'est désespérant !

La comtesse s'éloigna de quelques pas. Et, reprenant ensuite sa place à côté de son amie :

— Ma chère ange, dit-elle, tout bien réfléchi, je te félicite sur ta résignation. Il est impossible de recevoir plus gaîment un coup de foudre...

Elle fit un charmant sourire ; et, prenant les mains d'Amalia, elle ajouta :

— Que je suis folle, moi !... dans la maison, tout le monde est fort calme ; les intéressés donnent l'exemple de la plus stoïque résignation ;

moi seule je m'irrite fort mal à propos pour le compte d'autrui... C'est stupide ! Amalia, voici ton tuteur, je te laisse entre ses mains ; je te rejoindrai bientôt, et nous partirons ensemble pour ma maison de campagne où tu passeras la belle saison... Il faut que je fasse mes adieux à sir Edward, qui traverse la terrasse avec l'intention de s'éclipser totalement.

Malgré son habileté féline dans l'art de dissimuler la direction de ses pas, sir Edward ne put échapper à la douce main de la comtesse Octavie.

— J'ai l'amour-propre de croire, sir Edward, dit-elle avec une grâce exquise, que vous cherchez la comtesse Octavie pour lui dire adieu ?

— Madame, vous devinez toutes mes pensées ; aussi je ne prendrai plus la peine de penser devant vous, je parlerai.

— Sir Edward, vous ne me garderez pas rancune de la scène de mauvaise humeur que je viens de vous faire. Un départ est une espèce de mort; il doit en avoir les privilèges; on se pardonne le passé avant de se dire adieu.

— Madame, je ne me pardonnerai jamais d'avoir écouté tranquillement cette justification d'un tort imaginaire.

— Donnez-moi le bras un instant, sir Edward, je veux que le monde sache que nous nous quittons bons amis... Sérieusement, sir Edward, vous partez avant le lever du soleil ?... Vous me regardez d'un air... Oh! ne craignez rien, je ne vais pas recommencer ma scène de drame.... Tantôt j'ai cédé à je ne sais quel accès de colère stupide... Vous partez donc?

— Madame, chaque minute perdue ici coûte la vie à vingt soldats aux Indes.

— Vous exagérez l'importance du colonel Douglas. Il n'y a pas d'homme indispensable en ce monde; pas même vous, sir Edward. Alors, si le colonel Douglas n'existait pas, l'Inde anglaise s'écroulerait? Cela n'est soutenable que dans les romans.

— Mais, madame, le colonel connaît cette

guerre du Nizam dans tous ses ténébreux secrets, il...

— Ah! brisons là, sir Edward; les discussions ne servent qu'à ne pas se convaincre mutuellement. Parlons d'autre chose.... Quand nous reverrons-nous à Smyrne, sir Edward?... Vous cherchez votre réponse dans les étoiles?...

— Madame, mon destin est de voir et de ne jamais revoir.

— Eh! mon Dieu, changez donc votre destin. Voir est un plaisir, revoir est un bonheur. Pourquoi sacrifiez-vous de gaîté de cœur la plus douce de ces deux choses?

— Je crains le bonheur, madame, je le crains comme un ennemi inconnu.

— Eh! que cherchez-vous donc à travers le monde?

— Le malheur. J'aime les choses faciles à trouver.

La comtesse inclina sa tête en arrière avec une ondulation de cygne; ses boucles de cheveux noirs laissèrent à découvert son front et ses tempes, et ses yeux fixés sur le visage d'Edward brillèrent d'un éclat plein de tendresse et de séduction. Elle choisit, dans le clavier de sa voix, les notes les plus veloutées ; on aurait cru entendre le suave et mystérieux accompagnement de l'orchestre, au trio final du *Comte Ory*.

— On va chercher le malheur bien loin, sir Edward, dit-elle, lorsque le bonheur qu'on ne cherche pas est dans le voisinage ! Il y a partout de nobles cœurs qui comprennent les nobles âmes ; partout des mains amies prêtes à serrer de généreuses mains ; partout des rayons de soleil et des rayons d'amour, des fleurs sous les pieds, de l'ombre sur la tête, des mélodies pour les oreilles, de doux paysages pour les yeux. Voyez comme ce pays est beau ! Ici, on se sent vivre avec extase. Il y a dans l'air une fête continuelle, formée par toutes les charmantes choses de la nature, de tous les caprices de Dieu. Ces arbres, ces collines, ces rivages, ce golfe sont pleins de voix joyeuses qui disent, dans des harmonies sans fin, que tous les êtres de cette création aiment, sont aimés, sont heureux. L'homme qui foule ces fleurs, à la clarté de ces étoiles, et qui n'éprouve au cœur que le besoin de poser son pied sur la planche d'un navire, invente un crime sans nom : il a l'ingratitude d'un premier ange damné ; il avilit son intelligence, il insulte le ciel.

Edward baissa la tête et garda ce silence qui signifie : Je suis de votre avis, mais je ne devine pas pourquoi vous me dites cela. La comtesse attachait obliquement sur lui un regard tendre et interrogateur.

Forcé de parler pour être poli, Edward dit à la comtesse :

— Vos idées sur la vie sont justes à vingt ans ; à vingt ans je pensais comme vous. Malheureusement j'ai vécu, j'ai voyagé, je me suis perverti. En avançant en âge, on a deux torts : celui de vieillir et celui d'avoir raison. Nous commençons à voir clair dans les choses de ce monde, lorsque notre vue s'affaiblit.

— Ah ! sir Edward ! — dit Octavie avec une de ces voix d'ange qui attendriraient un démon, — ah ! mon pauvre philosophe, vous parlez comme un homme qui n'a jamais eu la patience d'attendre un lendemain ! Il n'y a pas de bonheur à la minute. Votre pas est trop rapide ; le bonheur ne peut vous atteindre, il est boîteux. Essayez un jour de vous arrêter sous un arbre du chemin ; au premier relai, oubliez de demander une voile ou un cheval ; attendez... Sir Edward, vous avez une haute expérience de ce monde ; je le sais... cependant, croyez-le bien, il y a dans votre profond savoir un coin ténébreux voilé par l'ignorance.... Si, par exemple, une femme amoureuse du merveilleux, et séduite par l'éclat de votre histoire, n'attendait qu'un mot de vous pour vous donner son affection, vous ne la devineriez pas, vous ne la comprendriez pas. Les hommes supérieurs sont ainsi faits. Les gens médiocres ne doutent jamais de rien, eux. Ils ont l'audace qui échoue ; et vous, Messieurs, vous n'osez prendre l'audace qui réussit... et puis, vous voulez avoir l'orgueil d'être malheureux ; et vous courez le monde pour insulter la vie par des railleries amères ! Cela est injuste, sir Edward. La vie est un travail intolérable, j'en conviens, quand on le fait seul. Pour vivre, il faut être deux... Essayez un jour d'être deux, sir Edward.

— Madame, les essais ne m'ont jamais réussi, — dit Edward avec un sourire charmant et une légèreté de ton qui dissimulait une soudaine préoccupation, occasionnée par les paroles étranges d'Octavie.

— Tant mieux ! sir Edward, dit la comtesse ; le hasard a plus d'esprit que vous : il a retardé vos succès pour les faire plus beaux.

— Madame, — dit Edward d'une voix qui se timbrait d'émotion, — en toute autre circonstance, je prolongerais jusqu'au lever du soleil un entretien plein de charme pour moi ; mais je vois beaucoup de mouvement devant notre canot... Il faut un devoir aussi impérieux que le mien, pour que je me croie obligé de regarder d'autres choses lorsque vous êtes là, devant moi, Madame, avec votre grâce de femme, votre mélodie de paroles, votre formidable beauté... Au nom du ciel, madame, fermez vos lèvres et vos yeux ; laissez-moi fuir une seconde fois ! Adieu, comtesse Octavie, adieu pour toujours.

— Non, sir Edward, je ne reçois pas votre adieu. Vous ne partirez pas, — dit la comtesse avec un accent mêlé de haine et de tendresse, — vous ne partirez, sir Edward, qu'après avoir assisté au mariage du colonel Douglas.

— Demandez-moi ma vie, Madame, et je prierai Dieu de vous la donner ; mais ne me demandez pas l'honneur. Le colonel doit partir à l'instant même, et je dois le suivre aux Indes.

Sir Edward se dégagea vivement du bras d'Octavie, qui fit un geste de menace, accompagné du double éclair de ses yeux.

— Sir Edward, dit-elle avec une voix sourde et stridente, vous voulez ma haine? Vous l'aurez! vous l'aurez terrible, acharnée, inexorable, jusqu'à la mort!

— Madame, je veux ce que veut le ciel.

Et il s'élança vers le rivage d'un pas ferme et résolu.

Le fidèle Indien Nizam attendait sir Edward. — Nizam, lui dit-il, le jeune comte Élona est-il à bord? — Oui, sir Edward, vos ordres sont exécutés; je lui ai donné votre cabine. Seulement, d'après l'avis du capitaine, le comte Elona ne pourra monter sur le pont qu'au milieu de la nuit, jusqu'à notre arrivée en Egypte; il sera prisonnier dans sa cabine pendant le jour. — J'aurai soin de lui. — C'est bien, dit Edward.

La comtesse Octavie était encore immobile à la place où l'avait laissée Edward. L'agitation convulsive de son corps annonçait un désespoir suprême. A l'éclat de ses yeux, au désordre de sa chevelure, à la majesté orageuse de son visage, à la pose superbe de ses bras nus, on aurait cru voir une jeune prêtresse d'Homère évoquant les mânes des héros sur les rivages de l'Hermus.

Le grave tuteur d'Amalia vint distraire la comtesse Octavie de ses sombres méditations.

— Ah! vous voilà, Madame, dit ce tuteur ; je vous trouve enfin... Eh bien! tout s'est passé à merveille. Notre demoiselle a supporté la crise jusqu'au bout, avec un bon sens au-dessus de son âge. Au reste, il n'y a rien de perdu. Le banquier Lhéman nous doit douze mille livres sterling. Les intérêts d'Amalia sont sauvegardés.

— Voilà une belle fête ! — dit la comtesse avec une voix de rêve étouffant. — Monsieur le tuteur, je n'ai pas entendu un seul mot de ce que vous avez dit ; aussi je vous prie de ne pas répéter votre phrase. Donnez-moi votre bras et partons. Nous trouverons Amalia sur notre chemin.

A GOLCONDE.

Hydrabad, sous le nom de Golconde, était autrefois la capitale du royaume de Télingana. Nous lui donnons ici son ancien nom. Une petite ville voisine, regardée comme la citadelle d'Hydrabad, est encore aujourd'hui appelée Golconde. C'est dans cette ville que fut fondée l'association des Taugs, en 1812. C'était après les conquêtes de lord Cornwallis, et quelques écrivains anglais croient que le but principale de la secte, et surtout de son chef, était politique encore plus que religieux. On voulait anéantir les conquérants et les Indiens rénégats qui avaient embrassé leur cause. L'époque de la naissance des Taugs semble, par sa date, justifier cette assertion. Elle est clairement indiquée, cette époque, dans l'ouvrage que le capitaine Taylor a publié en 1840, et qui a pour titre : *Confessions of a Thug,* avec une épigraphe dont le sens est celui-ci : *J'ai entendu raconter et j'ai lu beaucoup de fables monstrueuses ; mais ce que je vais écrire à mon tour surpasse toute fiction (Law of Lombardy).*

M. Taylor m'a raconté, à Marseille, quelques incidents de cette guerre, et il a mis à ma disposition un album fort curieux, représentant divers sites et plusieurs scènes de la guerre qui a désolé la province du Nizam. Mon but n'étant pas de raconter exclusivement une longue histoire, mais voulant me borner à peindre et à lier à une autre action quelques épisodes de la fin de cette guerre, je me suis servi plutôt des récits de ses principaux acteurs que des rares articles publiées dans les revues anglaises.

L'orthographe que j'ai donnée au mot *Taug* indique assez la manière dont les Anglais le prononcent dans notre langue.

II

La grande place de Dondy, à Golconde, a un aspect charmant; on ne saurait mieux la comparer qu'à la *Piazza del Campo*, à Sienne, surtout à cause de l'effet que produisent les façades à briques rouges, entre l'ombre mobile des arbres et l'éblouissante irradiation du soleil. Deux *mandars* ou pagodes aux coupoles coniques, trois mosquées aux dômes arrondis, et plusieurs maisons de Nababs, avec leurs balcons, leurs kiosques, leurs virandas, encadrent admirablement cette place et lui donnent ce caractère indien primitif, qui s'efface aujourd'hui peu à peu devant la colonisation de l'Occident. Un seul édifice rappelle l'Europe, sans nuire toutefois à l'effet général du tableau, car il est tout voilé par un rideau de tamariniers, et ce n'est que par une éclaircie de verdure, habilement ménagée, qu'on peut lire sur la façade cette enseigne : *West-India hotel.* Il y a toujours grande affluence d'étrangers dans cette auberge européenne. Elle est bâtie sur le modèle d'Adelphi à Liverpool, et la cuisine de *Star and garter* de Richemond y fraternise avec les plats extravagants de l'Indien et du Chinois : on trouve sur la carte le potage de tortue et le potage de nids d'oiseaux; la colline de bœuf rôti et l'entrée innocente de bourgeons de frêne et de racines de nénuphar. Le land-lord ou maître d'hôtel est en costume de bal et porte des diamants de Golconde à tous ses doigts ; les domestiques sont habillés comme le chef, moins les diamants ; les chambres ont des meubles d'acajou, lumineux comme des miroirs, des lits, des nattes, des hamacs, au choix des voyageurs; un assortiment complet de parfums et de savons de Windsor, des persiennes légères qui tremblent au moindre souffle sur le balcon des kiosques, et sont les grands éventails de l'hôtel.

On célébrait sur cette place la fête indienne de Dourga, déesse de la destruction. L'idole, ornée de ses formidables attributs, s'élevait sur un piédestal au milieu d'un cercle de hideux fakirs, immobiles comme des figures de bas-reliefs. L'air retentissait du concert aigu, formé par tous les instruments que l'Inde a inventés pour déchirer les oreilles des hommes et des dieux. Les jeunes baloks, les belles ran-djénys dansaient la *natche* nationale avec une furie d'élan et un dévergondage effrénés, au son du *baunk*, la trompette du Bengale, et du *bansy*, la flûte de bambou; tandis que les sarada-caren, accompagnés de l'aigre *sitar*, chantaient les amours adultères de Kistna et la délivrance de la belle Sita, ravie par le monstre de Ceylan. Une foule immense applaudissait avec des sifflements de boas à ce concert de cuivres et de voix de démons, aux tours de force des jongleurs qui pirouettaient à la cime des bambous, aux danses de l'orgie, à ce spectacle infernal donné au peuple en l'honneur de la déesse de la destruction. Des groupes de voyageurs européens passaient à travers cette foule avec un dandysme superbe ; de jeunes dames créoles, l'ombrelle négligemment posée sur des épaules nues, mêlaient leur éblouissante carnation à ce tourbillon cuivré de chair sauvage, à ces flots de bronze vivant. Par toutes les issues, on voyait s'entr'ouvrir les rideaux soyeux des *mohhafas,* les palanquins des femmes riches, et descendre, dans tout l'éclat des étoffes et des pierreries, les filles, les épouses, les concubines des nababs. Kiosques, balcons, virandas, portiques de bois de santal, terrasses des pagodes, étaient inondés de spectateurs : mosaïque mouvante formée de tous les épidermes et de tous les costumes de l'univers, où se déployaient partout les larges ailes des *pankas*, agités par des milliers d'esclaves libres, pour répandre une fraîcheur d'emprunt aux heures incendiaires du milieu du jour.

L'attention des spectateurs européens qui se promenaient sur la place se fixait avec une curiosité singulière sur le balcon d'une maison opulente, bâtie à côté de l'hôtel d'*Woest-India*. C'était la résidence du nabab Sourah-Berdar, le plus riche marchand de pierreries de Golconde, par excellence la ville des diamants. Ce nabab, après les victoires de lord Cornwallis, n'avait pas balancé, pour conserver ses mines, à déserter le culte de Siva. Il était devenu l'ami de ses conquérants, et ses maisons de ville et de campagne servaient souvent d'hôtellerie ou de corps de garde aux officiers de Cipayes et aux voyageurs. Cependant, malgré ses diamants et son apostasie, ce n'était point lui que la foule regardait. Le nabab, étendu nonchalamment sur une natte, fumait le *gourgoury-*

houka, et ne prêtait qu'une attention fort distraite à la fête de la déesse indienne. Près de lui, étincelaient, sur une figure d'ange dorée au soleil indien, deux yeux noirs d'une dimension surhumaine, et qui ne permettaient pas au regard de l'Européen de descendre jusqu'au triple collier de pierreries, roulé sur un sein de quinze ans. Le corps svelte et suave de la jeune fille se voilait, avec un mystère diaphane, sous le sari de soie à franges brodées ; et le châle de crêpe chinois, semé de fleurs et d'oiseaux, laissait dans leur nudité lumineuse des épaules d'or de séquin. Un concert d'admiration, formé de toutes les langues de l'Europe, s'élevait du pavé de la place au balcon du nabab, et la belle Indienne, sensible à ces hommages, répondait par des sourires célestes et des regards veloutés et limpides à l'enthousiasme de ses adorateurs. Il semblait que Dieu, qui a créé tant de femmes diverses, avec un luxe de complaisance digne de lui, venait d'en inventer une nouvelle, toute parée de charmes inconnus, pour renverser l'idolâtrie sur l'autel de la déesse Dourga.

La civilisation et la conquête opèrent à notre insu, chaque jour, de singuliers miracles ! Cette jeune fille qui, le siècle dernier, aurait adoré Siva et porté au front le signe blanc des sectateurs de ce dieu, était, un peu après 1830, une demoiselle, aussi bien élévée qu'une princesse européenne ; elle avait reçu à Calcutta, la plus brillante éducation, dans le palais de sir William Bentinck, d'où le nabab, son père, ne l'avait rappelée qu'à l'âge de treize ans.

Dans le groupe d'Européens qui sont debout sur le balcon, à côté du Nabab et de sa fille, nous n'en distinguerons que trois, et il nous suffira de les entendre causer pour les reconnaître. Nos trois personnages portent le modeste costume blanc du pays du Soleil, mais à la distinction de leurs visages, à l'aisance gracieuse de leurs manières, il est facile de voir qu'ils appartiennent au monde élégant du nord.

— Sir Edward, disait le plus jeune, je ne comprends pas quel est le but de la politique anglaise, en autorisant à perpétuité ces bacchanales indiennes. »

— Comte Elona, vous êtes bien intolérant. Que diable voulez-vous que fassent ces pauvres Indiens ! L'Angleterre ne doit pas se mêler de leurs plaisirs ; elle se mêle de leurs affaires, c'est plus essentiel. Voulez-vous que lord Bathurst envoie aux Indes une collection de Caligula, de Néron, de Domitien anglais pour établir des ateliers de supplices depuis les Cinq-Rivières jusqu'à Ceylan ?

— Non, sir Edward ; mais il me semble qu'en tolérant ce fanatisme effréné, l'Angleterre s'expose à subir quelquefois de sanglantes déceptions.

— C'est un malheur, comte Elona. L'Angleterre porte aux Indes un gant de velours sur une main de fer ; ceux qui ne veulent pas sentir le gant ne tardent pas de sentir la main.

— Sir Edward, le colonel Douglas qui nous écoute ne paraît pas être de notre avis.

— Comte Elona, dit le colonel, hier encore e pensais comme sir Edward.

— Ah! colonel, dit Edward, je suis fâché de n'avoir pas dit cela hier.

— Sir Edward, dit Douglas, vous serez de mon avis demain.

— Je ne demande pas mieux, colonel, si vous me donnez de bonnes raisons.

— Je vous donnerai des faits, sir Edward.

—Oh! je m'incline toujours devant les faits.

— Sir Edward, — dit le colonel après une pause, — je cherche partout dans la foule votre brave Nizam, et je ne le vois pas; il est pourtant arrivé à Golconde?...

— Oui, colonel; il s'est arrêté à la baie d'Agoa, où je l'avais envoyé quand nous avons relâché à *Cape-Town*. Il a vu nos amis de la Floride et il est venu me rejoindre à Golconde.

— Il me serait fort difficile, sir Edward, de donner un nom à la position que Nizam occupe auprès de vous.

— C'est une position qui n'a pas de nom;

elle tient le milieu entre le serviteur et l'ami. Le serviteur et l'ami trompent souvent; le milieu ne trompe jamais.

— Vous m'avez souvent dit qu'il a fait déjà la guerre du Nizam.

— Son surnom l'indique assez.

— Il pourra peut-être nous rendre quelques services ; n'est-ce pas, sir Edward ?

— Colonel Douglas, mon brave Nizam n'attend pas qu'on lui demande des services pour les rendre, et il ne rend que ceux qu'on ne lui demande pas.

— Connaît-il la maison du nabab Sourah Berdar, sur la frontière des possessions anglaises ?

— Nizam connaît tout ou ne connaît rien, à mon choix.

— Sir Edward, vous parlez en énigmes aujourd'hui.

— C'est ainsi, colonel Douglas. Je parle comme les évènements; tout est obscur autour de moi. On nous dit que le pays du Nizam est en feu. Nous arrivons à Bombay ; on nous affirme que le pays est tranquille. Première obscurité : à Smyrne, vous manquez donc un mariage superbe pour venir pacifier le pays. Hier, j'accours à votre ordre, ordre solennel s'il en fût ; j'arrive à Hydrabad, que vous appelez Golconde ; je crois qu'une bataille avec les Taugs va s'engager. Le ton de votre lettre respirait la guerre, nous trouvons Hydrabad ou Golconde dans toute la gaîté rassurante d'une fête indienne. L'obscurité se complique. Bien plus, vous ajoutez que le résident anglais a été invité à cette fête de Dourga par le souverain d'Hydrabad, et que la même invitation avait été adressée à tous les Européens. Vous avez donc compris qu'il n'y avait aucun péril pour vous et pour nous tous, puisque vous n'avez pas balancé à vous livrer à la merci d'une ville habitée par cent mille brigands cuivrés. Ici les ténèbres se condensent. Enfin, j'avais supposé naturellement que vous étiez descendu au palais de notre résident britannique, lequel palais ne fait flotter son drapeau qu'à la fête de Dourga, de Kisna, ou de Siva ; et je vous trouve installé en ami, dans cette maison, chez le nabab Sourah-Berdar, qui vend des pierreries, et expose sa fille, comme enseigne, à la porte de son comptoir. Ici, mes yeux se voilent, et le grand soleil augmente encore ma cécité.

— Attendez donc la nuit, sir Edward, vous serez guéri.

— Ah ! vous tournez à la plaisanterie, mon cher colonel. Vraiment, je vous admire. C'est pour vous que je me suis mis en hostilité mortelle avec la belle comtesse Octavie; que j'ai quitté Smyrne, dont je voulais faire ma Capoue, pendant une longue semaine au moins ; que j'ai accepté la moitié des malédictions données par l'Asie-Mineure à votre paquebot; que j'ai distillé l'ennui indien soixante-cinq jours à Bombay, avec des Arabes et des Chinois ! Et maintenant voici ma récompense : Vous m'invitez à la fête de Dourga, et vous me proposez des énigmes sur le balcon d'un nabab.

Le colonel fit un signe d'intelligence à sir Edward, et marcha nonchalamment vers l'angle le plus reculé du balcon pour parler sans crainte d'être entendu. Le comte Elona causait avec le nabab et sa fille.

— Sir Edward, — dit le colonel en s'appuyant sur la balustrade dans l'attitude d'un spectateur ennuyé, — sir Edward, vous voulez me faire parler avant l'heure ; eh bien ! je parlerai...

— C'est inutile, colonel. Votre intention me suffit. Je sais tout ce que vous voulez me dire, vous ne m'apprendriez rien. Je sais le motif qui vous a fait rompre violemment votre mariage à Smyrne ; je sais que la province du Nizam était tranquille lorsque j'ai quitté Londres avec les dépêches que vous avez sollicitées vous-même par vos puissants amis du *Foreing-Office* ; je sais aussi que la guerre des Taugs se rallume d'Hydrabad au Mysore ; que cette fête est une fête de mort ; que cette place publique est pleine de fanatiques indiens, nos intraitables ennemis, et que la hache magique de la déesse Deera s'aiguise à cette heure sur la pierre d'Hider-Allah, le *Lion de Dieu*. Vous voyez, colonel, qu'il est inutile de prolonger notre entretien. Si vous avez vos espions aveugles, moi, j'en ai un sous la main qui a toujours les yeux ouverts, et c'est avec ses yeux que j'ai l'habitude de regarder...

Le colonel posa sa main sur le bras de sir Edward, et se relevant, comme fatigué d'une attitude pénible, il s'avança vers le nabab avec une nonchalance pleine de naturel.

— Nabab Sourah-Berdar, dit-il, à quelle heure vos porteurs de *mohhafa* sont-ils appelés ce soir?

Le nabab retira lentement le bec d'ambre du *houka* de ses lèvres, regarda le ciel et dit :

— Après le coucher du soleil, colonel Douglas.

— Nous vous ferons bonne escorte jusqu'à votre habitation de Nerbudda, seigneur nabab.

— Les jours du danger sont passés, colonel Douglas, — dit le vieux Indien du ton d'un homme qui ne croit pas beaucoup à sa parole.

— Oh ! je sais bien qu'il n'y a rien à craindre aujourd'hui du côté des Taugs. Ces démons des nuits sont rentrés aux enfers..... Mais, là bas, dans les plaines, il y a toujours sur les bords de la rivière, quelque tigre à l'abreuvoir ; et nous ne voulons pas qu'une griffe insolente déchire les rideaux du palanquin de miss Arinda.

Une voix plus harmonieuse que l'instrument indien qui prêtait son nom à la jeune fille du Mysore se leva sur le balcon. Arinda replaça ses pieds nus dans ses petites sandales d'odalisque, et donnant à son col une inflexion gracieuse :

— Colonel Douglas, dit-elle, vous avez toujours de bonnes idées. Les heures noires ne me font pas peur, mais j'aime les précautions. Avec une escorte de cent Cipayes, choisis par vous, on ne craint ni les bêtes ni les hommes fauves, et notre voyage est une promenade entre deux soleils. Votre Hydrabad est inhabitable : vous avez beau l'appeler Golconde, il reste Hydrabad. A la première brise du soir, partons.

Le ton impérieux de jeune reine qui accompagna ces paroles était adouci par une exquise contraction de visage que l'on pourrait appeler un sourire d'or.

— Miss Arinda, — dit le colonel avec une voix légèrement émue, — je vais donner mes ordres, et comme ce sont les vôtres, ils seront encore mieux exécutés.

Le colonel Douglas et sir Edward descendirent sur la place et se séparèrent après avoir échangé quelques paroles et fixé l'heure du départ. Sir Edward fut aussitôt abordé par Nizam qui depuis longtemps suivait tous les mouvements des personnages du balcon de Sourah-Berdar.

Sir Edward et Nizam étaient si habitués à vivre et penser ensemble qu'ils auraient pu se dispenser de se servir de la parole pour se communiquer leurs réflexions. Ils s'étaient élevés par des efforts de perspicacité merveilleuse, à la hauteur de l'intelligence des grands quadrupèdes indiens, ceux qui agissent de concert, dans les moments de crise, avec un ensemble admirable, sans avoir besoin des lettres d'un alphabet. Les signes mêmes, la langue des muets, étaient supprimés entr'eux. C'est d'ailleurs la plus dangereuse des langues, en public surtout, lorsqu'on est entouré d'ennemis qui peuvent vous comprendre de loin, en écoutant avec les yeux.

En se plaçant à côté de Nizam, devant un groupe de danseurs, sir Edward prit une attitude nonchalante qui figurait, pour le serviteur indien, un point d'interrogation. Ce signe formé par tout le corps était traduit par cette phrase : Nizam, qu'y a-t-il de nouveau ?

Nizam, les yeux tournés vers les danseurs, poussa un grand éclat de rire qui signifiait pour sir Edward que l'heure était sérieuse et menaçante ; et tout à coup, le serviteur indien mit sa main droite en auvent sur ses paupières, pour se donner un prétexte naturel de jeter un regard au soleil qui l'incommodait dans ses plaisir de spectateur, et ce regard retombé sur la terre, embrassa rapidement la foule, la place, la fête et rebondit à l'horizon des montagnes et du désert. Edward battit des mains sous l'estrade des danseurs, avec une figure pleine de surprise et de gaîté. L'entretien venait de s'épuiser en moins d'une minute, tout était compris. Des Indiens hideux et sombres, des fakirs à faces de mandrilles, des spectres nus et chauves, tatoués de blanc sur un visage de laiton, passaient et repassaient avec des ondulations convulsives et des râles sourds et stridents. Le signe tranquille tombé du visage serein d'Edward demandait à Nizam ; est-ce un Taug, celui-ci ? — Oui, répondait Nizam, courbé par un enthousiasme menteur devant les danses indiennes — et celui-ci ? poursuivait Edward. — Oui. — Ce batteur de riz ? Oui. — Ce joueur de *sitar* ? — Oui. — Ce fakir ? — Oui.

Sir Edward croisait les bras et inclinait sa tête : tout son corps, moins sa bouche, disait à Nizam, voilà une belle collection de Taugs!

Cependant, la fête arrivait à sa fin avec le jour. L'idole Dourga s'agita sur son piedestal, et des cris furieux s'élevèrent dans toute la ville avec tant de force, que les antiques maisons d'Hydrabad, déjà réduites en poudre par le vent et le soleil, tremblèrent sur leurs fondements d'argile. Vingt fakirs venaient de soulever l'informe statue de la déesse de destruction, et ils l'emportaient vers la porte occidentale de la ville, à travers des rues étroites, sombres et lépreuses. Cent mille Indiens formaient le cortége, et tous les volcans de l'univers, réunis sur un point du globe, et faisant éruption à la fois, auraient à peine dominé le fracas inouï formé par cette population en délire, accompagnée de tous les orchestres de l'enfer. On arriva au sépulcre destiné à la déesse, selon le rit indien ; c'est un gouffre ténébreux, où deux cascades se croisent, tombent et fument ; l'idole Dourga y fut précipitée aux acclamations furibondes de tout Hydrabad ; des fakirs, enlacés l'un à l'autre, saluaient d'un regard d'amour le firmament bleu de l'Inde, et suivaient leur divinité dans l'abîme, en s'élançant pardessus les massifs de bambous, au milieu du nuage d'écume qui flottait sur la trombe des grandes eaux. Un éclair de crépuscule annonça la nuit. La foule silencieuse après le sacrifice, regagnait la ville. Cette armée d'Indiens, nus et cuivrés, ressemblait alors dans les ténèbres à un fleuve de bronze en fusion que traversaient à la nage des troupeaux d'éléphants chargés des hideux fantômes de l'Olympe de Siva.

Pourtant, ils ne rentraient pas tous à Hydrabad, ceux qui venaient de détruire, pour l'honorer, la déesse de la destruction. Par intervalles, des ombres se détachaient du flanc de cette foule, et suivaient les sentiers solitaires qui ne conduisaient pas à la porte d'Hydrabad. L'allure de ces ombres n'annonçait ni des laboureurs, ni des béraidjes, ni des batteurs de riz, laborieux habitants des fertiles jardins de Golconde : leur démarche avait quelque chose de solennel et de mystérieux, et, dans les éclaircies de cotoniers blancs, lorsqu'un rayon d'étoile tombait sur leur front, il était facile de voir à la faveur de cette délation lumineuse, que ces spectres indiens n'appartenaient point à la classe des agriculteurs : leur tête haute semblait se détacher des choses terrestres ; elle ne regardait que le ciel, comme pour lui demander une sainte inspiration, à l'heure suprême du péril ou de la mort. Aux limites de la plaine d'Hydrabad, ces mystérieux Indiens, arrivés isolément par mille sentiers, se réunirent et se parlèrent bas, comme si leur souffle eût été un langage. Le chef donna un signal, et ils s'élancèrent tous, comme un vol de démons, vers les montagnes du Couchant.

Une caravane d'Indiens et d'Européens suivait à peu près le même direction, mais par une grande route, pavée de briques et bordée de beaux arbres, comme tous les chemins routiers du Bengale. Les constellations marquaient minuit au cadran du ciel. Une brise délicieuse montait de la rivière et entr'ouvrait mollement les rideaux des palanquins. Les soldats cipayés marchaient avec joie à la fraîcheur de la nuit et à la clarté des étoiles. Deux cavaliers allaient le pas et causaient à voix basse, pour respecter le sommeil d'une jeune voyageuse endormie dans son alcôve mouvante, à leur côté.

— Oui, comme vous le remarquez fort bien, sir Edward, disait le colonel Douglas, il y a des heures solennelles où l'on dit tout. Les étoiles semblent même nous exciter à l'indiscrétion.

— Colonel, on est obligé de causer la nuit, lorsqu'on ne dort pas ; et si l'on cause longtemps, on devient indiscret.

— D'ailleurs, sir Edward, nous sommes en péril de mort ; en descendant de cheval, nous courons la chance d'être étranglés par le foulard d'un Taug ; il faut donc que je vous explique ma conduite, afin que vous l'expliquiez aux autres, si je meurs.

— Et si vous sortez vivant de cette guerre, justice que vous rendra le ciel, croyez-vous, colonel, que vous n'aurez pas besoin d'un autre genre de justification ?

— Oui, je vous comprends, sir Edward. A Londres, mes ennemis diront que j'ai épousé Arinda pour ses diamants.

— Et vos amis l'affirmeront.

— A Londres, ils n'ont aucune idée de la femme bengali et du croisement des races...

— A Londres, cher colonel, ils ont depuis trente ans, devant leurs yeux, la figure verte et molle du fils de Typoo-Saïb, et ils croient que le beau sexe du Mysore a des faces de ce vert... On dira que vous avez quitté Amalia pour épouser une mine de diamants.

— Moi qui donnerais tous les diamants de Golconde pour ce rayon de soleil, ciselé en femme, qui dort dans ce palanquin !

— On ne vous croira pas, cher colonel. Le monde est comme cela. Si vous donniez tous les diamans de Golconde, le monde dirait qu'ils sont faux.

— Eh ! que faut-il faire alors, sir Edward ?

— Supprimer le monde et prendre la jeune fille malgré ses diamants ; comme on épouse une femme aimée malgré ses défauts.

— Sir Edward, à ma place, épouseriez-vous la fille du nabab ?

— Je l'épouserais.

— Sans réflexion ?

— Non, avec réflexion. Je l'épouserais pour consacrer, par mon exemple, le système du croisement des races, sans lequel l'intelligence humaine doit périr. Je l'épouserais pour faire une chose qui contrarie l'opinion de Londres. Je l'épouserais pour créer une pluie de diamants au bénéfice de ceux qui manquent de pain... Vous voyez que j'agirais avec réflexion.

— Et puis, je l'aime ! je l'aime !... c'est un amour déjà vieux de deux ans. Un amour qui a traversé les mers ; qui a résisté aux séductions de Londres, qui m'a fait rompre à Smyrne, par un stratagème peut-être déloyal, un mariage forcé.

En ce moment, les rideaux du palanquin

s'entr'ouvrirent du côté opposé au vent de la nuit, et deux yeux superbes étincelèrent sur un fond d'étoffe sombre.

— Colonel Douglas, — dit une voix douce et affaiblie par le sommeil, — où sommes-nous à présent ?

— Devant les ruines de la pagode de Djéni, sur la grande route de Mundesur et aux bords de la rivière Mozé.

— Ah ! nous avons fait bien peu de chemin !.. J'ai cru entendre le tigre ; c'était un rêve, n'est-ce pas, colonel ?

— Nous sommes deux cents autour de votre palanquin, miss Arinda, et le tigre compte ses ennemis avant de rugir.

— Colonel, le tigre est prudent... il me semble que sir Edward était à côté de vous ?

— Oui, miss Arinda.

— Je ne vois pas le comte Elona, votre jeune ami le Polonais.

— Le comte Elona est à cheval devant le palanquin de votre père, à cinquante pas d'ici.

— Colonel, prenez soin que les soldats ne manquent de rien. Nous avons des provisions de voyage pour mille hommes.

Miss Arinda, vous savez que j'obéis toujours aux ordres de votre cœur.

Pendant le colloque entre miss Arinda et le colonel Douglas, sir Edward s'était insensiblement éloigné du colonel, et il côtoyait les arbres de la route. Un sifflement subtil comme le susurre de la sauterelle courut dans le fossé plein de gazons, et tout-à-coup un être humain s'élança, avec une agilité de tigre, sur la croupe du cheval, étreignit le cavalier, murmura quelques paroles à son oreille et disparut. Sir Edward ne donna aucun signe d'émotion; un accident naturel et prévu ne l'eût pas laissé plus tranquille. Le colonel Douglas, qui se rapprochait de lui après avoir vu se refermer les rideaux du palanquin, ne remarqua aucun trouble dans la parole ou le maintien de son intrépide compagnon.

C'était Nizam qui venait de souffler à l'oreille

d'Edward ces paroles formidables : le serpent a réuni ses tronçons, le Taug rampe et vole; avant le soleil, on égorgera les soldats cantonnés à Mundesur.

Nizam avait coupé ses beaux cheveux noirs, il avait jeté au fleuve son élégant costume de créole, acheté à Londres. Nu de la tête aux pieds, parfumé de tous les aromates de l'Inde, recourbant ses orteils d'airain comme des griffes de vautour, supprimant son haleine comme un naufragé au fond de la mer, il bondissait de cime en cime, avec les Taugs, depuis le dernier verger d'Hydrabad. Il épiait la direction de leurs regards, il écoutait leurs gestes, il devinait leurs pensées, il avait enfin compris que la guerre sainte se rallumait de Golconde au Mysore, et que les ténèbres de cette nuit devaient couvrir des sacrifices humains et de mystérieux assassinats.

— Sir Edward, dit le colonel, miss Arinda n'a rien de secret à me dire. Hélas ! je ne suis pas encore arrivé à ce degré d'intimité qui fait

des confidences à la clarté des étoiles. Vous auriez pu écouter tout ce que nous avons dit.

— Colonel, dit sir Edward, j'ai poussé mon cheval sur la lisière de la route, pour voir un instant les ruines de cette pagode : la nuit, elles sont d'un effet superbe.

— L'an dernier, sir Edward, ces ruines étaient un nid de Taugs.

— Vous savez, colonel, que les oiseaux carnassiers du Bengale retournent à leurs anciens nids.

— Mon cheval n'a pas donné un signe d'inquiétude ; ses oreilles flottent sur la crinière. Mon cheval flaire les Taugs d'une lieue.

— En votre absence, colonel, votre cheval s'est fait Taug, j'en suis sûr.

— Auriez-vous vu quelque tête chauve de ce côté, sir Edward?

— Oui.

Ce *oui* fut accompagné d'un sourire charmant qui aurait donné tous les frissons de terreur à un officier moins intrépide que le colonel

Douglas. Un monosyllabe bannal, soutenu par un sourire, peut donc devenir formidable selon la situation.

— Colonel, dit Edward avec un ton de voix et un visage grave, vous avez beaucoup de monde au poste de Mundesur?

— Cinquante soldats, commandés par le brave capitaine Reynolds.

— Croyez-vous qu'ils s'attendent à être attaqués cette nuit?

— Non, sir Edward.

— Eh bien! ils seront attaqués.

— Comment le savez-vous?

— Colonel, ils seront égorgés — ajouta Edward d'un ton sec et désolant.

Les rideaux du palanquin d'Arinda s'entr'ouvrirent une seconde fois, et un bras charmant, qui secouait à son extrémité un bracelet de pierreries, s'arrondit en dehors pour agrafer les étoffes et donner un peu de fraîcheur à l'alcôve de voyage.

— Colonel, dit Edward, escortez à pied le

palanquin; donnez votre cheval au plus fidèle et au plus intelligent de vos soldats; il sera mon guide jusqu'à Mundesur. Nous arriverons au poste menacé avant les Taugs.

— Pas une minute de retard, — dit le colonel en descendant de cheval.

Presque au même instant, Edward et son guide s'élançaient avec la vitesse de la vapeur sur la route de Mundesur.

L'HABITATION DE NERBUDDA.

III

Les deux cavaliers avaient franchi tout l'espace que le plus rapide élan peut dévorer en quatre heures. A mille pas de Mundesur, ils mirent pied à terre, lièrent leurs chevaux à un arbre, et s'avancèrent avec toutes les précautions usitées dans cette formidable guerre de surprises, de ruses, d'embûches infernales, toujours dénouées par des assassinats. Edward et son guide rampaient comme deux reptiles, en supprimant leur souffle comme deux plongeurs, toujours voilés par la verdure, et n'avançant qu'à la faveur des brises intermittentes de la nuit, pour laisser attribuer au vent l'agitation des feuilles. Ils arrivèrent ainsi au pied du *block-house* de Mundesur, à la frontière des possessions anglaises. Hydrabad et son territoire sont censés appartenir à un chef indien, lequel n'est, au fond, que l'esclave docile des conquérants du Mysore. Les naturels du pays, doués de quelque intelligence, ont deviné cette politique de gouvernement occulte, organisée par l'étranger. La guerre des Taugs le prouve bien.

Edward coiffa sa tête nue de fleurs de tulipier, se fit un masque avec une large feuille d'acanthe, imperceptiblement piquée à la place des yeux, et regarda le *block-house* et ses environs en laissant flotter sa tête à la direction du vent. Le silence de ce lieu était triste et donnait un augure funèbre. Tout attestait que le poste avait perdu ses soldats, le drapeau seul s'inclinait sur la corniche, entre les sculptures de la licorne et du lion. Devant le *block-house*, une fontaine coulait avec un murmure effrayant, parce qu'il n'était jamais brisé dans sa monotonie par les mains ou les lèvres d'un soldat, dans un pays ardent, où l'eau vive est comme un ami consolateur que la souffrance appelle à son secours. Une heure écoulée, le doute n'était plus permis ; il fallait changer en réalité une horrible supposition.

Cependant sir Edward attendit le lever du soleil pour se montrer à découvert dans cette campagne ennemie, où il était sans doute arrivé une heure trop tard. La clarté du jour révéla les secrets de la nuit; autour du *block-house*, il n'y avait pas une goutte de sang sur les gazons, mais les feuilles des arbres et les fleurs sauvages, élevées au-dessus du niveau des hautes herbes, portaient l'empreinte d'une résistance convulsive, et attestaient les efforts suprêmes d'une agonie au désespoir. Il paraissait évident que la petite garnison, endormie dans une sécurité imprudente, et ne croyant plus au retour des hostilités, avait été surprise et enlevée par une meute de Taugs. Sir Edward jeta un regard mélancolique sur l'horizon du midi, formé par de hautes montagnes arides, et dont les antres recélaient sans doute les cadavres des victimes et l'armée des assassins. Ce regard était l'adieu donné aux morts.

Edward et son guide rentrèrent dans le chemin qu'ils avaient déjà parcouru, et remontèrent à cheval pour se rendre à l'habitation de Nerbudda.

Le colonel Douglas entendit le galop des chevaux dans l'avenue et s'élança d'un pas lent, avec la fièvre à l'âme, pour serrer les mains de sir Edward.

— Pas un mot de ce que vous avez vu à qui que ce soit, — dit Edward à son guide en lui donnant son cheval; puis s'adressant à Douglas, le sourire sur les lèvres :

— Eh bien! mon cher colonel, je me suis égaré dans la campagne; c'est ma faute, j'avais pris un guide. Donnez-moi des nouvelles du seigneur nabab et de miss Arinda.

— Sir Edward, dit le colonel, point de détour; personne ne peut nous entendre. La famille prend son repas du matin. Dites promptement ce que vous avez à me dire. Votre gaîté m'annonce des malheurs...

— Ma gaîté ne ment pas : tout a péri. Nous sommes arrivés une heure trop tard.

— Tous morts?

— Tous, mon cher Douglas! et pas une goutte de sang !

— Oui, c'est leur guerre. Les Taugs ont horreur du sang humain; ils étranglent... Oh! cette horrible guerre ne finira donc jamais!... Je vais écrire à sir William Bentinck.

— Colonel, sir William Bentinck est à Calcutta; il vous faut des troupes demain?

— J'ai les garnisons voisines, c'est suffisant pour trois mois ; mais la guerre va prendre un caractère atroce et gagner tout le pays intérieur de la presqu'île... Cette maudite fête de leur déesse Dourga les a fanatisés !... Voilà bien les conséquences du système de *White-Hall* !... La douceur, la tolérance religieuse, la colonisation pacifique !... Oui, avec des bandits, des assassins !... Je voudrais voir messieurs les clercs de *Foreing-Office* dans la province de Nizam, prêchant leur théorie de tolérance à ces démons de Taugs !... Comme il est aisé d'être philantrope, lorsqu'en ouvrant sa croisée le matin, on voit le jardin de *White-Hall* et la statue de Jacques II !... Mon Dieu ! il y a un système de tolérance bien plus simple, abandonner les Indes et venir faire le commerce entre le pont de Londres et Kensinghton-Garden ! Nous laisserons les Taugs vivre en paix avec leur déesse Dourga... En 1812, on recommandait la même tolérance au lieutenant Monsell. On envoyait des Bibles aux Taugs, et les Taugs étranglaient nos plus braves officiers à chaque ballot de Bibles ! Vingt ans d'expérience n'ont corrigé personne... N'importe, il faut faire notre devoir de soldat jusqu'au bout, sans murmure, sans repos, dans une héroïque obscurité : se battre aux étoiles et dormir au grand soleil.

— Colonel Douglas, dit Edward, tout ce que vous dites est fort sensé ; mais les clercs de *White-Hall* ne nous entendent pas, et pourtant il faut prendre un parti. Nous voilà, je crois, au centre de la guerre.

— Au foyer, sir Edward.

— Votre quartier-général est établi à Nerbudda, chez le nabab ?

— Oui.

— Nous devons laisser ignorer au nabab tous les évènements, n'est-ce pas ?

— Oh ! le nabab ne doit rien savoir, rien, sir Edward.

— Voilà une singulière existence qui nous attend. Il faut venir au cœur du Bengale pour vivre ainsi. Le jour, nous serons d'heureux et nonchalants campagnards, faisant de longs repas, cultivant la Flore indienne, déchiffrant des partitions, peignant un paysage, élevant des oiseaux-pêcheurs pour la chasse aux étangs. Pour ma part, je remercie Dieu qui m'a fait arriver à cette vie de mon goût par trois gradations. D'abord je me suis voué au service d'un seul ami, puis au service d'une famille, enfin au service d'une armée. Il n'y a que le premier pas qui coûte dans la carrière de l'obligeance. Aujourd'hui j'exerce ma profession en grand, et je me souhaite des imitateurs.

— Un conseil, sir Edward, — dit le colonel en serrant les mains de son compagnon, — sur quel pied devons-nous vivre avec le comte Elona? Ne trouvez-vous pas qu'il est embarrassant?

— Le comte Elona mènera la vie que nous menons; c'est sa faute si cette vie ne lui convient pas. Il s'est embarqué furtivement à Smyrne avec nous, et à votre insu, pour se dérober à un malheur mystérieux qui est encore son secret. Proscrit, toute terre lui est bonne; toute patrie est la sienne; tout péril doit le trouver prêt. Il est brave, résolu, sombre et peu causeur ; c'est donc l'homme des guerres de nuit. Nous l'enrôlons. Je réponds du comte Elona.

— Tout est dit, sir Edward ; les croisées et les oreilles sont ouvertes devant nous.

L'habitation de Nerbudda donne à l'Européen la plus haute idée du luxe des nababs. Elle est bâtie en pierres blanches, et ses murs sont épais comme ceux d'une forteresse ; cependant le style de son architecture ne manque ni de grâce ni de légèreté. La solidité massive de l'édifice est déguisée par des sculptures, des corniches à jour, et des balcons aériens avec des balustres de bois de santal. Le toit a la forme d'un cône écrasé : quatre rangs de supports le séparent du corps-de-logis, et permettent à l'air de circuler librement dans un grand espace. Aussi les étages supérieurs se dérobent à l'action verticale des rayons du soleil, qui n'embrase qu'une toiture inhabitée, espèce de bouclier levé contre la chaleur. Les salles basses ont banni les meubles lourds et étouffants :

le bois de naucléa s'y entrelace en mille formes sveltes et capricieuses pour tous les besoins de la sieste, du recueillement, du repos et de la causerie nonchalante. Les gerbes d'eau vive, les persiennes des balcons, les grandes ailes des *pankas* y entretiennent une fraîcheur éternelle, dans un demi-jour plein de volupté.

Le colonel Douglas et sir Edward entrèrent, la joie au front, et prirent place à la table du nabab.

— Seigneur Sourah-Berdar, — dit Edward en acceptant un plat de riz *benafouly*, — j'ai voulu voir les ruines du temple de Doumar-Leyna, et je me suis égaré en chemin.

— Les ruines de Doumar-Leyna, dit le vieux nabab, sont dans la montagne, à quarante milles de Nerbudda. Vous avez commis une grande imprudence, sir Edward, et fort inutilement, je vous assure, parce que votre guide est un cipaye de Ceylan, et il ne connaît pas nos chemins.

— Il faut donc une bonne escorte, seigneur

nabab, si l'on veut voyager sans imprudence de ce côté? — dit Edward avec un accent d'indifférence très marqué.

— Sans doute, sir Edward.

— A cause des tigres...

— D'abord, à cause des tigres, sir Edward...

— Oh! ce sont pour moi de vieux amis...

— Oui, sir Edward, — dit miss Arinda en croisant ses bras nus sur la table avec une exquise nonchalance, — oui, mais il y a d'autres animaux dans la montagne, qui sont vos vieux ennemis.

— Ah! — dit Edward d'un air ébahi.

Et il continua d'enlever les grains de riz à la pointe de l'aiguille avec la dextérité d'un Chinois.

— Vous dites : Ah! — poursuivit la jeune Indienne d'un ton moqueur, on voit bien que vous arrivez de Londres... Tenez, connaissez-vous ce quadrupède... là... regardez...

Edward suivit l'indication du doigt d'Arinda, et vit sur la muraille une gravure anglaise fort connue à Londres, et représentant un Taug. Il regarda longtemps, et de l'air d'un homme qui cherche un nom oublié pour le mettre au bas d'un portrait anonyme.

— Vous ne reconnaissez pas cela, sir Edward? dit la jeune fille en croisant ses jolies petites mains d'ivoire doré.

— C'est le *sea-bishop* (*l'évêque de mer*), si je ne me trompe, dit Edward avec un naturel parfait.

Miss Arinda laissa éclater un rire fou, dont le timbre était bien en harmonie avec la carnation de la jeune Indienne. On aurait cru entendre rouler une cascade de perles sur des lames d'or.

Edward se leva vivement pour examiner la gravure de plus près.

— Il est vrai que l'on pourrait s'y méprendre, comme sir Edward, dit le colonel Douglas. Ce Taug, avec son air mystique, son front chauve, taillé en mitre, et sa hache de Déera, ressemble assez bien de loin à un évêque de mer.

— Ah ! c'est un Taug ! — dit Edward en se frappant le front ; — on a beaucoup parlé des Taugs à Londres. J'ai vu un drame au théâtre d'Adelphi, sur les Taugs : la scène se passe dans l'Inde, sous le règne d'Alexandre-le-Grand, quelques siècles avant Jésus-Christ, — et il ajouta lestement : — Seigneur Nabab, le riz *benafouly* est le meilleur de l'Inde : je le préfère au riz de Mangalore, dont le grain est pourtant plus fort... Pardon, miss Arinda, vous croyez donc qu'il y a encore des Taugs dans les montagnes de Doumar-Leyna ?

— Certainement.

— Des Taugs fossiles ?

— Des Taugs vivants comme vous et moi, sir Edward.

— Oui... peut-être... il est à présumer, — dit avec insouciance le colonel Douglas, que la dernière guerre a laissé là-bas quelques ermites.

— Mon père vous affirmera, — dit miss Arinda en fixant ses grands yeux sur le visage impassible d'Edward, — que, le mois dernier, deux voyageurs ont été étranglés sur la route de Mazulipatnam.

— Par des Taugs? dit sir Edward.

— Et par qui donc?...

— Miss Arinda, — dit sir Edward en s'inclinant, — Dieu me garde de vous contrarier! Je crois à l'existence des Taugs, et je me garderai bien d'aller sans escorte à Doumar-Leyna et à Mazulipatnam.

— Toute la nuit j'ai rêvé de ces monstres-là, — dit Arinda en frissonnant, — cela prouve bien qu'ils existent.

— Alors c'est incontestable, dit Edward. On m'avait pourtant bien affirmé que la guerre était finie depuis longtemps.

— Sans doute la guerre est finie, sir Edward; mais le vieux Sing n'est pas mort. La guerre peut donc recommencer à tout moment; et si elle recommence, je ne reste pas à Nerbudda, j'entraine mon père au littoral du Malabar ou du Coromandel. Je ne dormirai pas une seule nuit dans cette habitation.

— Point d'inquiétude, miss Arinda, dit le colonel Douglas, nous veillons pour vous. On est en sûreté ici comme à Tranquebar ou à Bombay. Nous avons derrière nous trois régiments échelonnés sur le territoire britannique. Les Taugs, s'ils existent encore, ne remueront pas.

Le repas fini, tous les convives descendirent sur la terrasse, et furent rendus à leur liberté. Les serviteurs déroulèrent leurs nattes sur le plancher d'un *chattiram* à colonnades de bois d'érable où l'on respirait une fraîcheur délicieuse devant un magnifique tableau. Les yeux se reposaient d'abord sur un petit étang, bordé de narcisses jonquilles et de trèfles d'eau, et sillonné dans toute sa longueur par des arabesques de nénuphar blanc. A l'autre rive s'élançaient comme des fusées les tiges des cocotiers, épanouis à leurs cimes en gerbes gracieuses ; et par les éclaircies de ce péristyle végétal, on voyait fuir jusqu'à l'horizon bleu une campagne où la verdure des sénevés confondait ses teintes ardentes avec la neige des cotonniers bengalis. Une pluie de lumière semblait inonder cette création immense et la faire tressaillir sous des caresses de feu. C'était le Bengale dans tout son éclat dévorant avec son grand soleil qui donne la langueur de la force, qui tue et ressuscite, verse l'amour au cœur de l'homme, et le diamant au cœur de ses monts.

La jeune fille du nabab, à demi couchée sur la natte du chattiram, jouait avec des tulipes sauvages écloses dans les fentes du bois de santal, et les lançait par-dessus sa tête au nabab son père, qui fumait le houka, non loin d'elle. Edward et le comte Elona herborisaient aux bords du lac. Une foule de serviteurs, indolents comme des maîtres, étaient échelonnés sur les marches du chattiram, et s'écoutaient vivre dans une somnolence voluptueuse, fille du ciel indien. Le colonel Douglas, debout et appuyé contre un pilastre, engageait un entretien avec miss Arinda.

— Je crois, ma charmante Arinda, disait le colonel, que ces maudits Taugs vous ont donné de l'humeur.

— Colonel, disait Arinda, voulez-vous me faire un beau présent de noces ?

— Parlez, miss Arinda.

— Apportez-moi le vieux Sing dans une cage.

— Arinda, vous avez une idée fixe, vous ne rêvez que de ces bandits la nuit et le jour. Vraiment j'en suis jaloux ; prenez garde ? je me ferai Taug... Voici le cadeau de noces que je vous destine, belle Arinda; je l'attends par le premier télinga qui doit nous apporter nos lettres de Bombay. C'est une garniture de perles pour vos beaux cheveux de soie. Il faut toujours choisir ce qu'il y a de plus indigent pour l'offrir à la plus riche. Cependant je suis obligé de rehausser la valeur de mon cadeau. C'est moi qui ai retiré ces perles du fond de la mer à Ceylan ; je les ai données à Hamlet, qui est à Londres le roi des bijoutiers, et qui refuserait le trône de Danemarck, occupé par les fantômes ses aïeux. Hamlet a pris l'ouvrage à cœur ; il le soigne comme Dieu a soigné le soleil, et il a gravé sur l'agrafe, large comme l'œil d'un bengali, sa signature — HAMLET — surmontée de ces mots si touchants, lorsque le prince de Danemarck les adresse à Ophélia : *Madame, puis-je me reposer sur vos genoux* (1) ?

— Ah ! voilà qui est très gracieux ! colonel Douglas, — dit Arinda en renversant sa tête en arrière, pour donner un regard de bas en haut à Douglas.

Dans cette position horizontale du visage, les boucles soyeuses des cheveux noirs de la jeune Indienne descendaient en se festonnant

* *Stall i lie in your lap.* — HAMLET.

jusqu'au sol de bois de santal, et ses lèvres de corail, à demi-ouvertes par le sourire, laissaient entrevoir un échantillon de perles fines inconnues aux bazars du Coromandel. Arinda ressemblait ainsi à une nouvelle fleur du Bengale, créée, à midi, par le puissant caprice du soleil, et remerciant son père céleste avec un regard de flamme lancé au firmament.

— Il me semble, dit Douglas, que je fais au grand jour le plus doux des rêves. Laissez-vous adorer ainsi quelques instants, miss Arinda. Vous êtes belle comme la fleur de la terre et le rayon du ciel. Croiriez-vous? O folie de l'esprit! Croiriez-vous que je vous plains, parce que vous ne pouvez pas en ce moment vous voir et vous aimer, comme je vous vois et comme je vous aime?

— Colonel Douglas — dit Arinda, avec cette gracieuse coquetterie, vertu de toutes les femmes, sans distinction de zône, de nuance et de couleur — lorsque j'aurai votre garniture de perles, je me ferai coiffer, comme Sidonia, la nièce de sir William. Elle a des cheveux comme les miens : quand on les serre étroitement, on peut les cacher tous dans la main ; quand on les abandonne à flots, ils enveloppent le corps, comme un *sari* de veuve. Si les perles sont très fines, on les tresse avec les cheveux ; elles font un effet charmant ; on en laisse pendre une grappe, sous le nœud derrière la tête ; les deux nattes se déroulent sur les tempes, arrondies et lisses comme des plaques d'ébène, mais sans mélange de perles ; elle chargeraient trop le front. Avec cette coiffure Sidonia était adorable dans un bal... je n'avais que des diamants, moi : c'est vulgaire. Colonel, je vous remercie ; vous connaissez mes goûts.

— Je voudrais connaître vos pensées, belle Arinda...

— Ah ! c'est plus difficile, colonel !

Arinda prit un papillon qui venait de se

poser sur ses genoux, le regarda un instant, et lui rendit la liberté.

— Colonel Douglas, poursuivit la jeune fille, j'ai attaché une pensée sur les ailes de ce papillon, devinez-la.

— Me permettez-vous de réfléchir longtemps ?

— Non, monsieur, je vous ordonne de la deviner tout de suite... le papillon s'est reposé en traversant le lac... tant pis ! ma pensée a raison... Eh bien ! colonel, avez-vous deviné ?

— Excusez-moi, charmante Arinda, je n'ai jamais étudié les mœurs des papillons.

— Colonel, je vous parle sérieusement ; répondez-moi sérieusement.

— Miss Arinda, je vais m'asseoir sur cet escalier, immobile comme un fakir, patient, muet, éternel comme lui ; passez devant moi, une fois tous les dix ans, jusqu'à ma mort; et quand j'aurai, dans mon recueillement et ma solitude, récapitulé toutes les pensées humaines, il est possible que je devine la vôtre quelque jour, et je vous la rendrai.

— Colonel Douglas, — dit Arinda en inclinant la tête sur l'épaule et en donnant au doigt indicateur de sa main droite un mouvement de menace amicale. — Colonel, vous ne seriez pas fakir un seul jour, si je vous prenais au mot... Oui, oui, monsieur, ouvrez vos grands yeux indigo... voyons si vous aurez de la franchise... j'attendais un tête-à-tête pour vous interroger... dites-moi, colonel, qu'avez-vous été faire à Londres ?... voyez comme il pâlit !

— Mais vous le savez très bien, miss Arinda... on m'a appelé à *Foreing-Office*, pour donner des renseignements sur la guerre des Taugs.., heureusement terminée aujourd'hui.

— Et pourquoi pâlissez-vous ? pourquoi frissonnez-vous en me répondant ?

— Je vous affirme, charmante Arinda, que je n'ai aucune émotion.

— Comme il tremble en disant cela !

— Miss Arinda, votre père est à dix pas de nous ; il peut nous entendre...

— Il a peur de mon père aussi, maintenant ! mais tout le fait donc trembler, ce colonel !... Heureusement, comme vous le dites, la guerre est terminée aujourd'hui.

— Miss Arinda, — dit le colonel d'une voix étouffée, mais qui ne laissait égarer aucune syllabe, — miss Arinda, depuis deux ans je vous aime, et tout ce qu'il y a d'amour sur cette terre de flamme, entre ces jardins et le soleil, je le sens bouillonner en moi, et je ne le sens que pour vous. Je ne vous aime pas parce que vous êtes riche, parce qu'on vous a surnommée le diamant de l'Inde, parce que vous méritez d'être assise sur le trône du Bengale, à côté du Soleil ; votre époux ; je vous aime, parce qu'un attrait mystérieux, invincible, inexorable, m'a cloué dans la trace de vos pieds, quand je vous vis, pour la première fois, descendre de votre navire sur le sable du Coromandel. Ce fut un de ces moments d'extase qui font la vie d'un homme, et ne lui permettent plus de vivre que dans ce moment éternel. Depuis, vous le savez, j'ai fait une guerre d'extermination ; j'ai vu bien des nuits de sang et d'horreur ; j'ai vu s'accomplir d'affreuses funérailles ; j'ai donné tout ce que j'avais de larmes à d'inconsolables amis ; j'ai brisé tous les ressorts de mon âme, au point de croire que j'avais enfin obtenu cette insensibilité bienheureuse qui est la récompense de ceux qui ont abusé de la douleur. Eh bien ! mon amour a traversé toutes ces ténèbres sanglantes, le chaos de deuil et de désolation, et il est encore là, devant vous, avec l'énergie de sa première aurore. Dans cet ouragan infernal déchaîné sur mon front, toute chose qui était en moi s'est éteinte, excepté la flamme de cet amour ! Osez, maintenant, miss Arinda, osez me parler avec cette contrainte glacée, avec cette méfiance injurieuse indigne de vous et de moi. Si j'ai commis une faute envers vous, c'est un crime, ayez le courage de me le jeter au front, et je le ferai descendre au cœur, à la pointe de ce poignard.

L'arme étincela sur la ceinture du colonel.

Il y a dans la passion vraie un accent inimitable que l'oreille la plus novice reconnaît aux premières notes. Les femmes ont la perception merveilleuse de toutes les choses qui viennent du cœur : celles qui se laissent tromper par la parodie de cet accent ne méritent pas l'honneur d'être femmes.

Arinda essuya des larmes honteuses, et cueillant une tulipe sauvage, elle dit avec un sourire céleste : — Colonel faisons un échange, donnez-moi votre arme, et prenez cette fleur... Obéissez, monsieur... C'est bien, je suis contente de vous... Je sais aussi que vous m'aimez, colonel Douglas... Voulez-vous que je vous cite les partis que j'ai refusés ? M. Lewis Wyatt, l'agent de la Compagnie des Indes;

M. Baretto, fils de l'associé de John Palmer; M. Riow qui possède quinze vaisseaux à Surate; le major Flamstead, neveu de sir William... J'en citerais vingt. Pourquoi les ai-je refusés ? parce que je sais que vous m'aimez, vous; que vous m'aimez pour moi, et non pour les diamants de mon père... Maintenant, colonel Douglas, il faut revenir au commencement de notre entretien, mais sans nous fâcher, n'est-ce pas... Savez-vous ce qu'on m'a dit à Hydrabad l'autre jour ? C'est ce que je voulais vous faire deviner lorsque votre colère est arrivée au poignard... On m'a dit qu'au mois de juin dernier, vous avez été sur le point de vous marier en Europe...

— Sans doute, — dit le colonel Douglas avec beaucoup de sang-froid, — c'est un de vos amoureux refusés qui vous a dit cela ?

— Oui. C'est M. Riow.

— M. Riow a menti. Je jure sur l'honneur

que je n'ai jamais eu l'intention de me marier en Europe.

— Je vous crois, mon cher colonel... Ah ! c'est que j'ai besoin de vous croire...

— Arinda, je jure de n'avoir jamais d'autre femme que vous... Aujourd'hui même, j'aurai un entretien avec votre père, et nous fixerons le jour de notre mariage dans la première quinzaine du mois prochain... J'ai quelques affaires de service à terminer dans les cantonnements voisins... c'est une inspection pour la forme. Nous sommes en pleine paix. Mes devoirs de militaire remplis, je serai à vos pieds comme époux, ma chère Arinda.

— Mon colonel, je vous rends votre poignard.

— Arinda, j'espère bien aussi que vous m'aimerez un peu...

— Je suis trop riche pour faire l'aumône. Quand je donne, je veux enrichir.

On aurait dit, en ce moment, que le prédestiné au seuil du paradis avait prêté son sourire d'extase au visage de Douglas.

La jeune Indienne se leva et descendit l'escalier du chattiram, pour laisser toute liberté à l'entretien du nabab et du colonel. Sir Edward, qui se promenait avec le comte Elona, dit à son compagnon : — Voilà miss Arinda qui vient dépouiller le parterre pour vêtir de fleurs ses vases du Japon, c'est l'heure de cette toilette odorante. Comte Elona, vous êtes un peu trop sauvage; cela n'est pas permis dans l'Inde. Allez donc offrir votre bras à la jeune reine des roses du Bengale. Je vous invite à cette politesse : elle est due à la fille de la maison.

— Sir Edward, — dit Elona en souriant, — il me semble que vous pouviez vous adresser à vous-même cette invitation.

— Lorsqu'il s'agit d'un plaisir à prendre je le cède toujours à un ami. C'est l'inverse lorsqu'il s'agit d'une peine : essayez-moi.

Le comte Elona fit un signe d'adhésion et

s'avança pour recevoir miss Arinda au bas de l'escalier.

Edward, resté seul, tourna nonchalamment sur ses pieds, comme pour s'assurer qu'aucun regard n'était fixé sur lui, ensuite, il fit quelques pas dans une direction opposée à celle qu'il voulait prendre ; il cotoya l'étang, cueillit des narcisses et des tulipes sauvages, et retira des eaux, sans le moindre étonnement, une feuille de papier roulé qui ressemblait à une feuille de nénuphar. Il déploya cette fleur d'espèce nouvelle, en ayant soin de la dérober aux regards, sous le bouquet massif qu'il venait de composer, et les lignes suivantes furent dévorées avec tant de calme apparent, que le lecteur ressemblait de loin à un botaniste étudiant avec amour une belle collection de fleurs.

« Sir Edward, mon noble maître,

« Vous êtes arrivé trop tard à Mundesur ; c'est ma faute : j'ai couru, il fallait voler,

« J'ai assisté au dernier conseil tenu dans les ruines de Doumar-Leyna. Je sais où marchera le vieux Sing. Dites au colonel Douglas de renforcer demain les postes entre le village de Boudjah et la montagne de Sérieh, à deux milles de votre habitation de Nerbudda. Deux heures après le coucher du soleil, inventez quelque stratagème pour faire fermer les portes de l'habitation. Le vieux Sing a prononcé le nom du nabab Sourah Berdar. Dieu veille sur nous ; veillons.

« Nizam. »

Le brave serviteur était arrivé à l'étang sans être aperçu, en rampant sous les hautes herbes. Il s'était blotti dans l'eau, la tête voilée de larges feuilles stagnantes, et il avait envoyé aux oreilles d'Edward ce sifflement léger que l'intelligence du maître distinguait si bien au milieu de tous ces murmures confus qui s'élèvent des eaux, des montagnes et des bois, sur cette terre puissante où la vie abonde, où la plante, l'oiseau, l'insecte ont toujours quelque chose à dire aux étoiles et au soleil.

Le comte Elona et la jeune fille du nabab s'avançaient vers Edward, qui ne se laissa pas surprendre son billet à la main.

— Miss Arinda, dit-il à la distance de quelques pas, après avoir serré la missive de Nizam, il est fâcheux que les bouquets les plus beaux soient aussi les plus lourds. Je vous offre celui-ci, mais je le garde. Il est cueilli à votre intention, et vous le trouverez à table ce soir, devant vous.

— Sir Edward, je vous remercie, dit Arinda d'un air plein de distraction et d'inquiétude, vous faites les bouquets admirablement... Sir Edward, vous avez l'œil et l'oreille de l'Indien ; n'avez-vous pas remarqué une agitation, là, dans les gazons et les bambous ? J'ai vu onduler l'herbe jusque sous les arbres qui montent de l'étang à la forêt.

— Est-ce dans la direction du vent ? demanda Edward d'un ton naturel.

— Au contraire, sir Edward, et c'est ce qui me donne de l'inquiétude.

— Miss Arinda, dit Edward avec une tranquillité persuasive, il est impossible de supposer qu'une bête fauve vienne boire en plein jour devant vingt mille personnes, à la porte d'une habitation. Je connais les animaux de l'Inde. Cela n'est pas dans leurs mœurs. Voulez-vous, miss Arinda, que nous allions en chasse de ce côté?

— Non, non, sir Edward... Si c'est un tigre, il est déjà bien loin ; et si c'est un serpent, il ne vaut pas la peine de se déranger pour si peu.

— Ce doit être un serpent, miss Arinda. On a fait à ces reptiles une réputation de finesse bien usurpée. Le serpent est stupide comme un naturaliste du siècle dernier.

Cette dissertation zoologique fut interrompue par la brusque arrivée du colonel Douglas. Il descendit l'escalier du chattiram, le visage rayonnant de joie, et serrant les mains d'Edward et du comte Elona. — Messieurs, leur dit-il, je vous invite à signer mon contrat de mariage. Le nabab vient de fixer lui-même le jour de la cérémonie : j'épouse miss Arinda, d'aujourd'hui à vingt jours, au village anglais de Boudjah.

Un éclair de joie surhumaine éclaira le front du comte Elona. Il semblait que ce jeune homme, toujours silencieux et sombre, ressuscitait d'entre les morts. Personne ne remarqua cette transformation.

— Colonel Douglas, — dit Edward exalté, — cette nouvelle me comble de joie. Il me semble que je me marie. Mon système triomphe. L'Occident épouse l'Orient ; le vieux sang de la vieille Angleterre va se rajeunir au cœur du Bengale. L'intelligence et la force humaine ne périront pas... Voilà un bel exemple à suivre, comte Elona Brodzinski. Vous êtes jeune, grand, robuste ; nous vous trouverons quelque fille de nabab... Eh ! vous avez assez pleuré sur les malheurs de Varsovie ! Dieu sait pourquoi il fait tomber les villes, et le czar ne le sait pas.

Le reflux de l'océan humain commence. Le nord s'ennuie d'être nord. Nous rentrons au berceau du soleil qui est notre berceau. A cette heure le canon de la France troue l'Atlas ; les colons américains de la baie d'Agoa, et les nouveaux planteurs français de l'Afrique bientôt se rencontreront, la charrue à la main, sous des zônes inconnues, et s'embrasseront dans un hyménée de géants. Un jour, on verra quelle puissante et nouvelle race d'hommes est sortie des entrailles de l'Afrique et du Bengale, de ces terres fécondes qui allaitaient les tigres, les éléphants et les lions, en appelant toujours des lèvres humaines attendues depuis six mille ans !

— Sir Edward, dit le comte Elona, ce jour renouvelle mon existence. Vous serez content de moi. Tout a une fin dans ce monde, même la douleur.

— A ce soir, messieurs, dit le colonel Douglas. Permettez-moi de conduire miss Arinda vers son père qui l'attend.

— Sir Edward, dit Arinda, n'oubliez pas mon bouquet.

— Il s'est changé en bouquet de noces, miss Arinda, je dois l'oublier beaucoup moins.

Edward et le comte Elona, restés seuls, eurent ensemble ce court et vif entretien :

— Sir Edward, — dit le comte polonais, — je puis parler maintenant; je puis vous parler à vous, qui avez un cœur noble et digne de toutes ces confidences. Savez-vous ce que je suis venu faire au Bengale ?

— Non.

— Sir Edward, je suis venu me mettre dans les pieds du colonel Douglas... En arrivant à Alexandrie, figurez-vous ma stupéfaction lorsque je vis sur le pont le colonel Douglas !... J'avais quitté Smyrne pour lui... il n'avait donc point épousé Amalia !... Je vous adressai une question timide, embarrassée... Vous me répondites sans connaître l'intérêt puissant que j'attachais à vos paroles... le mariage n'avait pas eu lieu... Alors, je pris une résolution étrange... avec ce titre de proscrit, qui semble justifier tous les voyages aventureux à travers le monde, je me déterminai à suivre le colonel Douglas partout. Je ne m'expliquai pas trop bien quel bénéfice je retirais de ma résolution, mais elle semblait donner un adoucissement vague à mon désespoir; cela me suffisait... Concevez-vous, sir Edward, la joie immense qui a rafraîchi mon cœur lorsque le colonel nous a annoncé son mariage avec la fille du nabab? On ne meurt pas de joie, je vis... maintenant, mon destin change. Ce Bengale s'écroule sous mes pieds; il faut que je parte, sir Edward, mon âme est bien loin d'ici ; il faut que mon corps se lève pour la chercher.

— Comte Elona, dit Edward, dans votre discours, il faut que je devine la seule chose que vous avez oubliée.

— J'ai foi en votre intelligence, sir Edward.

— Vous aimez la jeune Grecque Amalia?... Votre silence répond... et sans doute Amalia vous aime?... Bien! je garderai le silence à mon tour... Enfin, tous ces mystères d'Europe et d'Asie commencent à s'éclaircir.... Un fils de la malheureuse Pologne, une fille de la malheureuse Grèce, deux orphelins de deux illustres guerres!... C'était un amour inévitable et fort naturel... il n'y a que les diplomates qui arrangent des mariages impossibles... L'amour est plus intelligent que lord Palmerston, quoique le noble lord se soit surnommé *Cupido*... Eh bien! mon cher comte, que puis-je faire pour vous?

— Il faut, sir Edward, vous qui êtes plus indien que Brama...

— Bravo! comte Elona, vous avez les plaisanteries du convalescent... Achevez...

— Il faut que vous me trouviez un vaisseau pour mon retour.

— Je vous trouverai une flotte... mais avant tout, comte oublieux, il faut assister au mariage du colonel... Vous êtes invité officiellement...

— C'est bien mon intention! je ne serai complètement guéri qu'en entendant le *oui* des deux époux, prononcé en bon anglais.

— Vous êtes très raisonnable pour un amoureux. Le lendemain du mariage, je vous apporte un vaisseau à trois-mâts.

— Vous avez l'habitude d'obliger vos amis, sir Edward, ainsi je ne vous remercierais pas pour une habitude.

— Oui, comte Elona, il est trop facile de suivre une habitude. Je me suis habitué à vivre de la vie des autres; de cette manière on centuple la durée de son existence; c'est un calcul d'égoïste. J'ai trouvé le secret de vivre plus longtemps que Mathusalem.

— Et vous, sir Edward, qui feriez un si bon mari, est-il vrai que vous ayez renoncé au mariage? Cependant vous devriez, comme chef de secte, donner l'exemple du croisement des races. C'est le reproche que vos disciples vous feront.

— Comte Elona, n'approfondissons pas mon

histoire domestique à cet endroit. Les étoiles nous trouveraient ici... J'ai trente-huit ans, et je ne suis pas marié ; il est fort aisé maintenant pour moi de continuer ce système ; il n'y a que les premiers trente-huit ans qui coûtent... et, pour vous rendre confidence pour confidence, comte Elona, je vous avoue que j'ai toujours un certain penchant pour les femmes que d'autres vont épouser. C'est une fatalité !... en arrivant à Hydrabad, j'ai été frappé de miss Arinda... Heureusement le colonel s'est prononcé... Je vous ai parlé de miss Elmina ; eh bien ! miss Arinda, c'est miss Elmina traduite de l'américain en indien... A Smyrne, Dieu m'a sauvé deux fois dans un an... Vous avez connu la comtesse Octavie ?... Ah ! quelle femme ! je voudrais bien que Dieu me dît si c'est un ange ou un démon... Elle avait de plus l'attrait irritant de la jeune veuve. Oh ! pour éviter cette Circé de l'Hermus, cette syrène de l'Ionie, il ne fallait pas se fermer les oreilles avec de la cire ; la cire fond, et l'on est perdu : il fallait partir sur un nuage de vapeur, et laisser derrière soi la barrière de deux tropiques et de deux océans !... A cette heure, la comtesse Octavie doit être mariée, puisque j'ai failli en devenir amoureux.... Je souhaite deux anges gardiens à son mari !... Comte Elona, pour rassurer miss Arinda, qui a vu onduler les gazons au bord de l'étang, je vais faire ma sieste, même de ce côté. Allez le lui dire, là-haut, dans le chattiram. Quand elle daignera jeter ses beaux yeux vers moi, pour calmer ses inquiétudes, je dormirai.

LA VEILLÉE.

IV

Les premières paroles qui furent échangées au repas du soir roulèrent sur le prochain mariage du colonel Douglas et de miss Arinda. Sir Edward affectait de garder ce silence morose qui provoque toujours une interrogation : elle ne se fit point attendre.

— Sir Edward — lui dit miss Arinda — vous êtes bien taciturne ; on dirait que vous avez commis une faute, dont votre silence demande humblement excuse à vos convives.

Dites, sir Edward, votre conscience vous reproche-t-elle quelque chose ?

— Miss Arinda, dit Edward, dès que la conversation tombe sur le mariage j'ai l'habitude d'entrer en rêverie...

— Cela vous rappelle un oubli peut-être ?

— Oui, miss Arinda, cela me rappelle que j'ai toujours oublié de me marier.

— Oh ! vous êtes plus coupable que cela, sir Edward ! vous avez oublié mon bouquet de noces.

Edward bondit avec une spontanéité de mouvement si naturelle que la plus femme des Indiennes s'y serait trompée.

— Mille pardons, miss Arinda, — s'écria-t-il, les mains sur le front, — je me suis endormi la tête sur votre bouquet de noces, au bord de l'étang et j'ai laissé mon chevet sur mon lit. Vous l'aurez dans cinq minutes.

Et il s'élança sur la terrasse de l'habitation.

Les étoiles luisaient au ciel. La campagne

était pleine des harmonies mystérieuses de la nuit.

Edward rentra bientôt, le bouquet à la main, et le plaça devant Arinda.

— Seigneur nabab — dit-il en se remettant à table, et d'une voix qui paraissait émue — je crois qu'il serait prudent de donner ordre aux domestiques de rentrer dans l'habitation.

— Vous avez vu quelque chose d'affreux? dit miss Arinda, les mains jointes et les yeux démesurément ouverts.

— Affreux, ce n'est pas le mot... mais seigneur Nabab, croyez-moi, faites rentrer nos domestiques. Ces gens-là sont si imprudents, ils joueraient bientôt avec des tigres comme avec des chats.

L'ordre fut donné.

— Vous avez vu un tigre? dit Arinda.

— Noir.

— Un tigre noir?

— Il se détachait avec un relief superbe sur un fond blanc de cotonniers,

Le colonel Douglas et le comte Elona se précipitèrent sur un faisceau de carabines. Edward se leva pour les arrêter, et laissa glisser adroitement le billet de Nizam dans la main du colonel.

— Ah! vous croyez donc que le tigre va vous attendre de pied ferme, pour recevoir une balle au front? — dit Edward. — Vous ne connaissez pas les tigres noirs du pays : ils ont inventé la poudre avec les Chinois ; ils la flairent d'une lieue. Avant l'arrivée de lord Cornwallis au Bengale, les tigres avaient encore quelque candeur, mais depuis qu'ils ont assisté de loin aux batailles du Mysore, ils connaissent mieux la portée des carabines qu'un armurier de Birmingham, Aujourd'hui le tigre noir s'est fait maraudeur ; il cherche du gibier, et ne veut plus l'être. La nuit, autour des habitations, il rôde, pour étrangler sans péril quelque péripatéticien philosophant aux étoiles, ou quelque amoureux étourdi. Vous connaissez tous l'histoire de ce pauvre Dhéran....

— Vos histoires font peur, sir Edward, — interrompit Arinda, qui avait jeté ses bras autour du cou de son père.

— Mes histoires font peur? Tant mieux! mes histoires donnent de la prudence ; mes histoires font fermer la porte des habitations ; mes histoires éloignent de la gueule des tigres les jeunes et belles demoiselles qui vont se marier.

— Eh bien! racontez-nous l'histoire de ce pauvre Dhéran, dit Arinda, personne ne la connaît ici.

— C'est une histoire de circonstance, miss Arinda ; et rien n'est amusant, aux veillées du Bengale, comme les histoires de tigres, lorsqu'on est à l'abri. Mon parent, le poète Thames, naturaliste peu estimé par les hommes, mais très apprécié par les animaux, a fait, dans son poème de Typoo, une prosopopée en l'honneur de Dhéran. Je vous réciterais bien les vers originaux anglais, mais s'il y a quelque tigre noir aux écoutes, il me garderait rancune : ces démons comprennent notre langue. Je vais vous les traduire en français. Pour les tigres noirs, c'est de l'hébreu.

— Pardon, sir Edward, dit le colonel Douglas avec un signe rapide d'intelligence, — excusez-moi, si je vous enlève un auditeur. J'ai quelques ordres à donner au capitaine Moss, une lettre courte à écrire ; elle doit partir avant le lever du soleil... d'ailleurs je connais les vers de Thames, et l'histoire de Dhéran.

— Ne sortez pas, colonel Douglas ! dit Arinda avec une convulsion de frayeur.

Miss Arinda, je vais écrire là-haut, dit le colonel ; le télinga va bientôt nous porter nos lettres ; c'est son heure, et je veux que ma missive soit prête... Ecoutez l'histoire de Dhéran, et vous verrez s'il me convient de sortir.

Le colonel quitta la salle, et sir Edward récita ces vers :

> Oui, je voudrais aimer cette grande presqu'île
> Qu'un double océan baigne avec un flot tranquille,
> Que le Gange caresse, en son vol diligent,
> De ses lèvres d'azur à l'écume d'argent,

Mais, dans ce beau pays, Eden que rien n'égale,
Fleurit sous l'aloës le tigre de Bengale,
Qui, sur le bonze illustre, et l'esclave grossier,
Imprime également ses deux griffes d'acier,
Et désole, la nuit, cette terre féconde
Où s'élèvent Delly, Cachemire et Golconde!
Ombre de mon ami Dhéran, le voyageur,
Mort, sans avoir la tombe avec son ver rongeur,
Lève-toi! Tu partis, tout brillant de jeunesse,
Pour offrir ton amour à quelque brahmanesse,
Mystérieuse femme, ange de l'Orient,
Au balcon du kiosque assise, et souriant!
Un jour, selon le rit des prêtres de l'Asie
Tu menas aux autels l'odalisque choisie;
Et la nuit, quand le ciel et le fleuve étaient doux,
Quand on dansait au son des orchestres indous,
Tu sortis pour rêver à cette nuit charmante
Que promit à tes vœux ta poétique amante,
Et rêvant, tu vis luire à travers les gazons
Deux yeux, comme Satan fait rougir ses tisons;
C'était un tigre noir, qui, par droit de nature,
Cherchait pour ses enfants un peu de nourriture,
Et te porta, gibier d'innocents appétits,
En quatre livraisons à ses pauvres petits!

— Mais c'est affreux, sir Edward, ce que vous nous déclamez là sentimentalement! s'écria miss Arinda. Comment! ce malheur est arrivé à M. Dhéran!

— La première nuit de ses noces, miss Arinda.

— Et que fit la veuve?

— La veuve voulait se brûler sur le bûcher de son mari; mais comme on lui fit observer qu'il était impossible de brûler un mari dévoré par un tigre, elle se résigna héroïquement, et elle entra comme favorite au harem du sultan d'Hydrabad. La moralité de cette histoire, la voici. Nous habitons un pays superbe; nous respirons un air qui est la vie, un air délicieux, loin des villes, ces cimetières des vivants; nous avons la fraîcheur sous le soleil et la fécondité sans orages; nous avons des plantes et des arbres chargés de parfums, d'oiseaux et de fruits. Nous avons de grand paysages d'ombre et de lumière, des vallons recueillis, veloutés et caressants comme les bras d'une femme; de beaux lacs et de larges herbes pour savourer toutes les voluptés de l'être amphibie, s'endormir philosophe et se réveiller poisson. Nous avons tout ce que Dieu donna aux premiers hommes avant qu'ils eussent l'idée de numéroter leurs cages, et de changer en rues fétides les sillons embaumés des jardins. Seulement à cause de la faute de notre premier père, nous ne sommes pas complètement heureux : si le jour nous appartient tout entier, la nuit ne nous appartient qu'à demi. Les formidables animaux qui ont veillé si longtemps sur la virginité du Bengale ont fui à l'approche de l'homme conquérant ; mais ils se souviennent de l'ancienne mission que Dieu leur a donnée, et, dans les ténèbres de la nuit, ils accourent, l'œil en flamme, la griffe aiguisée, la langue flottante aux lèvres, et rôdent autour des habitations de l'usurpateur anglais.

— Mon Dieu ! dit Arinda en frissonnant, vous dites cela, sir Edward, avec un accent... il me semble que vous avez raison... Et mon père qui s'est endormi... Le colonel Douglas est ordinairement plus expéditif lorsqu'il donne des ordres...

Edward ouvrait la bouche pour répondre,

miss Arinda fit un geste vif qui commandait le silence.

On entendait un bruit extérieur qui ne rappelait rien de connu dans les murmures de la campagne. C'était un cliquetis de lames de cuivre agitées avec précipitation.

— C'est le Télinga de Bombay, dit sir Edward.

— Le malheureux! s'écria miss Arinda, il demande peut-être du secours.

Edward s'était déjà élancé vers la porte qui fut ouverte et fermée au même instant. Le messager indien jeta dans le vestibule la boîte de fer-blanc qui contenait les dépêches, et demanda de l'eau et du riz.

Le colonel descendit précipitamment, ramassa la boîte et l'ouvrit.

Ce tumulte domestique réveilla en sursaut le vieux Nabab.

— Messieurs, dit-il, d'une voix de somnambule, il parait que vos dépêches sont nombreuses, il est déjà fort tard, nous vous laissons.

Probablement vous voulez lire vos lettres avant de monter à vos chambres. Nous allons vous souhaiter une bonne nuit.

Un instant après, le colonel et sir Edward étaient seuls, dans la salle, et s'entretenaient à voix basse, la lèvre de celui qui parlait, toujours effleurant l'oreille de son auditeur.

— Sir Edward, disait le colonel, ces dépêches sont fort longues à lire, et l'heure nous domine...

— Colonel, renvoyez cette lecture à demain.

— Une dépêche de *White-Hall*...

— Colonel, il y a une dépêche plus importante à cette heure...

— Laquelle, Edward ?

— La dépêche de Nizam.

— Mon Dieu ! je le sais... Laissez-moi parcourir à la hâte les autres lettres... je veux seulement reconnaître les écritures... Nous lirons cela demain, comme vous dites, Edward. Ah ! voici du curieux !... une longue, très longue épître de la comtesse Octavie... Vous savez,

Edward, cette charmante dame qui sait rire comme un ange et chanter comme Pasta...

— La comtesse Octavie!... Ah! ceci est fort!... La comtesse Octavie! elle vous écrit donc, colonel?...

— Voyez, sir Edward, voilà sa signature... et dix pages de papier noirci avec la vigueur anguleuse d'une griffe de panthère... Vous avez été son danseur à Smyrne?...

— Parbleu! je m'en souviens... trop... démon de satin blanc!... Elle nous poursuit aux Indes!... Colonel, me croyez-vous poltron?

— Non, certes, sir Edward.

— Eh bien! je tremble en ce moment comme une feuille de sensitive... Cette signature m'est entrée au cœur comme un crick malais... Colonel, il faut brûler cette lettre sans la lire... Croyez-moi, elle ne peut vous apprendre que des choses fâcheuses... Les lettres de femmes, lorsqu'elles sont longues, sont toujours foudroyantes pour le lecteur... Quand les femmes ont du bonheur à vous annoncer, elles écrivent trois mots ; trois lignes, c'est un malheur ; trois pages, un désespoir ; trois feuilles, une mort.

— Oh ! mon cher Edward, je parie deviner tout ce que cette lettre contient... Il ne faut pas être sorcier pour cela... Je ne crains pas une catastrophe... Amalia se résignait à m'épouser avec le plus grand sang-froid du monde. Elle avait l'air de me subir par autorité de justice.... Un jury l'avait condamnée à m'épouser... Aussi mon départ ne m'a coûté aucune peine. Je sentais qu'Amalia ne demandait pas mieux que d'être veuve avant le mariage. Sans doute, la comtesse m'écrit pour me ramener à l'autel et au *oui* fatal... Elle a été furieuse de cette rupture... Cette longue lettre est tout simplement le *post-scriptum* d'une courte malédiction qu'elle a lancée sur moi, à mon départ... Nous lirons cela demain si nous sommes vivants.

— Nous serons vivants, colonel Douglas. Je vous le promets. Je connais les mœurs de la Mort. Pour être dispensé de mourir la veille, il faut avoir quelques obligations à remplir le lendemain. Une lettre de femme à lire, par exemple, ou à déchirer.

— C'est résolu, nous lirons tout cela demain.

— En avant donc, mon colonel, en route... il faut partir.

— Sérieusement, Edward, vous continuez votre service dans l'expédition ?

— Eh ! que voulez-vous que je fasse ici ?.. Si vous aviez une guerre européenne, régulière, je serais peut-être un embarras pour vous ; mais je puis très bien me mêler à vos rangs, comme amateur, sans déranger votre stratégie... C'est ainsi que j'ai déjà fait vingt campagnes contre les tigres, les lions et les éléphants : vos Taugs sont de la même famille ; seulement le naturaliste Saavers ne les a pas classés.

Le colonel répondit par un sourire et un geste d'adhésion, et fit un signe qui signifiait : suivez-moi.

Ils montèrent l'escalier. Le colonel ouvrit

une croisée dont le balcon était comme suspendu sur un abîme de verdure, du côté du couchant. Les rameaux des grands arbres flottaient contre la façade et les feuilles jouaient avec les lames des persiennes. Une échelle de corde était liée au balcon. Douglas et sir Edward descendirent avec la promptitude et l'audace de gens exercés à grimper aux cimes des palmiers et aux mâts des vaisseaux.

Partout les hauts gazons amortissaient le bruit des pas du colonel et d'Edward. Nos deux amis, lancés dans les allées naturelles de la forêt, semblaient lutter de vitesse pour gagner le pari d'une course.

Le colonel Douglas courait sur un terrain connu, et tous les accidents de ces sentiers mystérieux et sauvages lui étaient familiers, comme une grande rue de Londres. Après deux heures d'élan furieux, il s'arrêta sur la lisière d'une forêt, au bord d'un lac.

— L'étoile de Léby n'est pas levée sur le mont Sérieh, dit-il, à Edward. Les Taugs sont encore dans leurs antres. Les Taugs ne marchent qu'aux rayons de cette étoile.

Il regarda la campagne, sombrement illuminée par les grandes constellations indiennes, et dit :

— Mes ordres ont été exécutés ; le capitaine Moss est là. Ce palmier à demi décoiffé me l'indique. Les palmiers sont nos télégraphes. Nous choisissons toujours les plus élevés.

LES TAUGS,

V

Le costume d'Edward et du colonel appartenait, à peu de chose près, au genre primitif, Dans cette étrange guerre, le vêtement était une chose de luxe et d'embarras; toute nuance d'étoffe était une délation. Ils avaient à leur ceinture une paire de pistolets et un poignard, peints de couleur sombre sur les canons et les pommeaux.

La vieille pagode de Miessour étale ses horreurs au bord de ce lac. C'est une petite colline de ruines où la pierre se voile de mousse, d'euphorbes, de genêts et d'aloës ; par intervalles, surgissent quelques énormes têtes de dieux indiens, dont le granit métallique a repoussé toute végétation, et qui conservent encore aux étoiles la hideuse immobilité que leur donna l'architecte Marhatte d'Aureng-Zeb. Quand la clarté des astres, tamisée par le feuillage des lentisques, descend nébuleusement sur les faces rudes de ces simulacres, on croirait voir les géants de l'iliade indienne de Ravana, sortir des tombes pour recommencer la guerre de Ceylan. Ce paysage lugubre est souvent animé par des tigres noirs qui recherchent un piédestal de leur nuance, s'allongent en sphynx, et recourbant, avec une grâce efféminée, la griffe droite sous leur langue humide, ils rendent le vernis de l'ébène à leur fourrure dévastée après une orgie de sang et d'amour.

— Dans cette guerre, dit le colonel à l'oreille de sir Edward, tout nous sert de signal ; les bêtes fauves même sont nos auxiliaires. Vos yeux sont excellents, Edward; vous avez la perception féline des mystères de la nuit. Regardez ces ruines, là, de ce côté, à cinq cents pas. Que voyez-vous?

— Attendez, — dit Edward, en s'appuyant avec nonchalance sur le tronc d'un arbre, les deux mains verticalement posées sur sa ceinture, —attendez, Douglas... Voici ce que je vois... de belles ruines... fort belles. C'est le style du temple détruit de Brambànan, à Java, qui s'élevait au pied du volcan nommé *Mara Api* (colère du feu), Ces poétiques Indiens excellent dans les appellations! Ils se seraient bien gardés, eux, de nommer un volcan, Vésuve ou Etna, ce qui ne signifie rien du tout... Quand la brise soulève ces grands panaches de verdure flottante, et les replie du côté opposé, je vois très bien, à l'aide des étoiles, ce superbe travail d'architecture. Cependant, je dois vous dire, mon cher Douglas, que je lui préfère le temple de Soukou à Java, près de Solo. Ce temple annonce une civilisation supérieure à la civilisation grecque ou romaine ; car, à mon avis, un grand peuple se révèle par son architecture. Rome a laissé le testament de son génie sur la page ronde du Panthéon. Or, les Indiens...

— Mon cher Edward, — dit le colonel en fermant la bouche à son interlocuteur, — vraiment, vous parlez avec une tranquillité superbe! Croyez-vous que je vous ai conduit ici pour écouter un cours d'architecture indienne ?..... Avancez un pas ; faites-vous éclipser par ces massifs de verdure ; écartez doucement les petits rameaux avec le bout du doigt, comme si vous étiez le zéphir, et regardez ce qui se passe entre la statue d'Indra, et un tronçon d'Iravalti... Répondez-moi avec le souffle.

— Ah !... oui... c'est lui... il est charmant dans cette pose... il fait un groupe avec un goût parfait... un beau tigre noir... d'une belle venue !... Saavers l'a surnommé le tigre Néron... il manque à la collection de Londres... il fait sa toilette de nuit, avec une griffe caressante comme la main de la comtesse Octavie...

On les vend cinq cents livres au marché de Java... S'il veut se vendre je l'achète à ce prix... Douglas me permettez-vous de faire cent cinquante pas, et de l'acheter gratis avec une balle au front?

— Gardez-vous en bien ! ce tigre est mon espion.

— Ah ! ceci est fabuleux !

— Attendez un instant, et vous verrez.

Le tigre continuait sa toilette avec un soin de détails et un calme débonnaire qui annonçaient une conscience pure du remords. Il déposait, avec de molles ondulations de tête, l'écume de sa langue sur sa griffe et distribuait cette essence fauve du sommet des oreilles à l'extrémité des narines. Tout-à-coup l'animal frissonna sur toute la longueur de l'épine de son dos, et des étincelles jaillirent de ses poils. La griffe caressante s'arrêta brusquement à la hauteur de l'œil droit; les oreilles se courbèrent sur les tempes; les narines flairèrent le vent. On entendit un râle strident, sourd, prolongé, comme le son d'un orgue, qui ouvrirait, un instant, son clavier à l'ouragan de la nuit. Si les ruines eussent tremblé sous l'éruption soudaine d'un volcan elles n'auraient pas donné à l'élan du tigre des secousses plus merveilleuses. Il se leva, bondit sur les ruines, et disparut dans les bois.

— Avançons, maintenant, dit le colonel ; le capitaine Moss arrive de l'autre côté.

— Avançons, dit Edward.

Un spectacle étrange fixa bientôt l'attention d'Edward. Dans toute la longueur des crevasses des ruines, les hautes herbes tremblaient à leurs cimes, comme si elles eussent abrité une invasion d'énormes reptiles, une traînée de boas... Plusieurs détachements de Cipayes arrivaient aux ruines de la pagode. En tête, rampait le capitaine Moss, jeune homme de vingt-deux ans, déjà vieilli dans cette guerre, et qui s'était deux fois échappé du lacet des Taugs, en glissant dans leurs mains, comme une couleuvre insaisissable. Dès ce moment la parole, le souffle, le geste furent interdits. Cependant la troupe agissait avec un ensemble merveilleux. Chaque soldat semblait deviner l'ordre du chef, ou suivre le conseil d'une inspiration soudaine et infaillible, tombée du ciel dans la tête de tous.

Il avait fallu renoncer à l'ancien arsenal de ruses usitées aux dernières rencontres. A toutes les reprises d'hostilités, la tactique était modifiée ou renouvelée complètement. On ne pouvait tromper deux fois les Taugs avec la même stratégie, eux, les trompeurs par excellence, puisque leur nom signifie *tromper* en indien.

Chaque Cipaye, officier ou soldat, avait apporté avec lui, dans son bagage, un tronçon de bois d'érable, taillé grossièrement et à la hâte, mais qui, voilé à demi par les ruines, les ténèbres, la verdure massive, et surmonté de la coiffure militaire, devait ressembler de loin à un soldat embusqué avec une timide précaution. Pourtant, il ne suffisait pas de tromper l'œil du Taug, il fallait encore tromper son odorat, subtil comme celui de la fauve. Les Cipayes entassèrent sur les terrains nus et les plus exposés au vent, leurs uniformes lourds, tout ruisselants des âcres sueurs de la marche. Ensuite, ils traversèrent, tous le lac à la nage, et se parfumèrent, sur l'autre rive, avec les aromates que le soleil indien distille à côté des poisons. Cela fait, on suivit le vent, dans son sillon le plus direct, et, à mille pas des ruines, on fit halte au milieu des bois, sur une allée tortueuse, hérissée de plantes rudes, mais la seule praticable pour des êtres à peu près humains. Les officiers et les soldats, couchés dans les grandes herbes, et embusqués horizontalement sur deux lignes, attendaient pour agir le signal du colonel Douglas.

Les Taugs ne sortaient de leurs repaires qu'après le lever de leur étoile protectrice, l'étoile Léby ; mais ce n'était pas seulement par un motif religieux qu'ils n'engageaient une lutte sanglante qu'aux rayons de cet astre, à la première heure matinale ; ils comptaient aussi tomber sur un ennemi accablé par la double fièvre de l'attente et de l'insomnie, ayant déjà consumé la moitié de ses forces dans une veillée inutile et sans espoir. La meute de Taugs qui, par l'ordre du vieux Sing, devait attaquer cette nuit les postes avancés de Roudjah, se dirigeait sur la pagode ruinée de Miessour. Le fakir Souniacy conduisait les brigands fauves. C'était un sauvage hideux, comme l'idole du ravisseur de Sita. Ses cheveux noirs pleuvaient sur ses épaules de squelette, amaigries par l'abstinence ; son corps avait perdu la teinte primitive sous un badigeonnage végétal ; le haut du visage était d'un blanc mat, et quatre bandes blanches cerclaient ses bras nus, comme de larges bracelets peints à la craie ; une barbe de vieillard s'allongeait sous son menton d'airain ; mais l'éclat des yeux, la vigueur anguleuse des tempes, l'agitation convulsive des narines et des muscles du col donnaient un démenti à la nuance de la barbe, et trahissaient le jeune homme dans sa puissante virilité. Souniacy, seul, s'avançait debout, et sa démarche et son regard avaient quelque chose de mystique et de solennel qui formait le plus bizarre des contrastes avec le costume extravagant tatoué sur son corps. Le fakir était habillé de nuances et de couleurs : on aurait cru voir un gigantesque mandrille devenu anachorète, meurtri par des macérations, et sortant de sa cellule d'ermite, pour méditer dans les bois, aux clartés nocturnes du firmament.

La meute formidable, se déroulant sur les gazons comme des liasses de reptiles, suivait le fantôme Souniacy.

Quand le fakir flaira dans l'air des émanations humaines et découvrit le sommet de la colline des ruines, il se fit reptile à son tour. Dès ce moment, le regard humain, attaché sur ce sentier d'herbes hautes et ténébreuses, n'aurait pu deviner qu'une meute de bandits religieux traversait le bois, car le mouvement léger du gazon devait être attribué aux brises de la nuit. Les bêtes fauves, surprises par ce fleuve vivant débordé sur leurs domaines, bondissaient avec des élans furieux à travers des massifs de feuillages déchirés, pour échapper à cet immense ennemi qui effleurait à la fois, du bout de ses griffes, tous les arbres de la solitude. Le colonel Douglas, Edward et les soldats comprirent ainsi que l'ennemi approchait. Les tigres, lancés en ellipses prodigieuses, dans un accès d'épouvante folle, franchissaient les soldats de l'embuscade, et ceux-ci conservant leur immobilité horizontale, atteignaient au sublime de l'héroïsme, placés comme ils étaient entre les griffes des hommes et les griffes des tigres, sous les ténèbres de la nuit et des bois.

Le moment arriva où le torrent des Taugs entra, pour ainsi dire, dans un lit nouveau, dont les deux rives étaient formées par les soldats de Douglas. Un sifflement aigu retentit dans les solitudes et fut répété vingt fois par l'écho du lac et des ruines. Trois cents hommes, le poignard et le pistolet au poing, se levèrent à ce signal du colonel. Les Taugs se levèrent aussi, en poussant des cris surhumains qui semblaient sortir des entrailles d'un volcan. On engagea une lutte formidable qui n'avait pas même les étoiles pour témoins, car l'épais feuillage flottait sur toutes les têtes, et ce champ de bataille, hérissé de spectres, ressemblait au ténébreux souterrain, vestibule de l'enfer. Les Taugs échappés au premier coup de foudre de cette attaque se ruèrent, en désespérés, sur leurs ennemis pour les étouffer dans une étreinte dévorante, ouvrir leurs crânes sous leurs dents de mandrilles, et boire un peu de leur sang avant de mourir. C'est que les Taugs n'ont pas dégénéré des races primitives de l'Inde. La vieillesse du Bengale n'a pu amollir ni leur âme ni leur corps. Ils sont toujours les dignes fils des géants qui ont amoncelé des montagnes, en les ciselant au-dessus et au-dessous de la terre, comme des escaliers de l'enfer ou du ciel. Leurs bras jetés au col de leurs ennemis, étreignaient la chair comme des carcans de bronze, et leurs victimes, en se débattant dans une agonie convulsive, sentaient un souffle ardent et fauve courir sur leurs faces, et voyaient un rire monstrueux éclater dans des caresses de démons. Au centre de ce tourbillon de duels infernaux, Edward et Douglas, exercés dès leur enfance aux grandes luttes de force, d'adresse, d'agilité, n'égaraient pas un seul coup du fer de leurs poings robustes, ou de l'acier de leurs poignards : les monstres tombaient en les abordant, et ceux qui se relevaient tombaient deux fois et ne se relevaient plus. Cet horrible travail de destruction s'accomplissait dans un silence morne qui n'était pas même troublé par les plaintes des mourants. Une seule voix, un seul cri retentissait sous les voûtes d'arbres, cri lugubre et impossible à noter sur le clavier humain. C'était le fakir Souniacy qui jetait par intervalles, une syllabe d'exhortation religieuse à ses fanatiques étrangleurs. Lorsque les Taugs, un instant découragés, entendaient cette voix, ils faisaient craquer leurs dents de cannibales ; ils ployaient leurs corps sur leurs jarrets d'acier, tordaient leurs bras immenses, secouaient leurs cheveux noirs, et se précipitaient avec une furie nouvelle sur l'ennemi. Ceux qui, percés au cœur d'un coup de poignard, roulaient sur l'herbe, comme des tronçons de serpent, ressuscitaient à la voix du fakir ; et, cadavres sanglants et galvanisés, ils étreignaient encore les pieds des soldats, et rendaient le dernier soupir, en arrachant des lambeaux de chair vive sous la dernière contraction de leur dents. Tout-à-coup cette voix du fakir s'éteignit au centre de la bataille ; on ne l'entendit plus que dans un lointain confus, mais plaintive et déchirante ; elle semblait sortir d'un sépulcre aux limites du bois. Les Taugs répondirent par un long cri de désespoir ; et comme si la désertion incompréhensible du fakir leur eût soudainement enlevé leur courage, ils s'élancèrent avec une agilité sans rivale sur les traces de Souniacy.

UNE LETTRE.

VI

L'ennui, ce fléau de toutes les histoires, est enfanté par la complaisance des détails intermédiaires. Les tâtonnements de la transition tuent l'intérêt du récit. La transition n'est pas dans la nature. Le torrent qui roule, la cataracte qui tombe, la foudre qui écrase ne s'arrêtent pas en route pour nous parler du caillou, du rocher ou de Franklin. Imitons la nature, quoique de fort loin, hélas ! comme quatre brins d'herbe se cotisent pour imiter un palmier.

La transition est souvent aussi une insulte à l'intelligence du lecteur; il faut cependant mentionner, à cette page, que le colonel Douglas a donné des ordres pour dérober aux yeux des vivants les moindres traces de ce drame de mort, et pour recommander un secret inviolable sur les horreurs de la nuit : officiers et soldats se sont purifiés dans le lac de leurs sanglantes souillures; rien ne doit transpirer à Roudjah et aux environs. Il le faut ainsi pour ne point donner l'alarme aux populations des campagnes et des villages, et continuer l'horrible guerre avec toutes les apparences de la paix. Douglas et Edward sont rentrés à Nerbudda, furtivement, comme ils en étaient sortis. Personne n'a remarqué leur absence. L'habitation du nabab vient d'être, à son insu, élevée à la dignité de quartier-général.

Une heure après, le soleil se leva, comme à son ordinaire, avec cette insouciance radieuse qui sourit au crime et à la vertu, et ne garde aucun ressentiment contre les ténèbres nocturnes qui viennent profiter de son absence pour couvrir de sanglantes horreurs. Les cimes des arbres souriaient, comme aux âges primitifs, lorsque leurs ombrages ne protégeaient que de candides pasteurs, innocents comme leurs troupeaux. La nature resplendissait de cette gaîté virginale qui ne fait rien soupçonner d'odieux dans le domaine des hommes, et conseille d'user de ce jour nouveau comme d'une faveur divine qui pouvait rester dans le trésor du ciel.

La terrasse de l'habitation de Nerbudda est pleine de cette gracieuse et sereine animation qui accompagne les heures matinales. Les serviteurs soulèvent les persiennes des salles basses ; les oiseaux chantent dans les volières; les chevaux et les bœufs sortent des étables; les jardiniers cueillent les fleurs aimées de la jeune Arinda ; les chanteurs ambulants, arrivés la veille au tomber du jour, quitten la maison hospitalière, et vont quêter leur pain au village de Roudjah. Le vieux nabab préside à l'inauguration des travaux, avec cette tristesse d'habitude que donne la possession d'une mine de diamants, et attend le lever de sa fille pour laisser courir un sourire sur son impassible visage de métal.

A l'heure du premier repas du matin servi sous les arbres, Arinda descend sur la terrasse, et regardant autour d'elle avec inquiétude, elle s'étonne, dans un monologue mental, d'arriver la première à ce rendez-vous de famille. Mais sir Edward n'était pas homme à laisser trahir quelque chose des secrets de la nuit par une imprudente prolongation de sommeil. A la faveur des grands arbres, il dissimule adroitement sa sortie, et marche vers Arinda du pas nonchalant du promeneur qui termine sa course du matin.

— Miss Arinda — dit-il en s'inclinant —

me permettez-vous de vous donner un bon conseil ?

— Donnez, sir Edward — dit la jeune fille en présentant sa main — on ne refuse jamais un conseil.

— A la campagne, miss Arinda, il faut toujours se lever avec le soleil. C'est une habitude qui fait vivre cent ans.

— Il paraît, sir Edward, que vous ne vous êtes pas donné ce conseil à vous-même aujourd'hui ?

— Moi ! miss Arinda ! je croirais commettre une impolitesse envers le soleil, si je ne le saluais pas à son lever. Je viens d'herboriser autour du lac.

— Seul ?

— J'étais avec le colonel Douglas. Nous avons même commis une légère imprudence, nous sommes sortis à l'aube. Douglas est remonté dans son appartement pour écrire quelques lettres à Roudjah.

— Sir Edward, votre toilette est ce matin

d'une distinction, d'une fraîcheur et d'une élégance ravissantes. Personne ne vous soupçonnerait d'avoir herborisé autour du lac.

— Oh! miss Arinda, j'ai l'habitude des terrains de l'Inde. En marchant avec précaution, je traverserais le Bengale en habit de bal et je danserais, en arrivant, chez le colonel Fénéran à la pointe du Coromandel... Aimez-vous les songes, miss Arinda?

— Oui, quand ils sont beaux. J'en ai fait de tristes cette nuit ; aussi, vous m'avez horriblement effrayée avec vos tigres noirs.

— Ah! miss Arinda, il le fallait. C'est une terreur salutaire, c'est une bonne leçon. Le nabab votre père fermera, j'en suis sûr, maintenant, les portes de sa maison, une heure après le coucher du soleil... Revenons à mon rêve : il est délicieux ; je l'ai fait entre minuit et deux heures. J'ai rêvé que je me mariais.

— Voilà un rêve charmant! avec qui, sir Edward?

— Avec miss Sidonia votre amie, et que

sir William Bentinck m'avait donné pour dot la ville de Calcutta sur un plateau d'argent. A mon réveil, je commençais à adorer miss Sidonia ; et quand vous aurez épousé le colonel Douglas, nous partirons tous les trois, et nous irons demander la main de votre amie pour moi à Sir William. Il faut que mon rêve ait raison.

— Êtes-vous fou, sir Edward ? Vous ne connaissez pas miss Sidonia !

— Voilà pourquoi je dois l'épouser. Il ne me reste plus qu'un moyen pour me marier; c'est d'épouser une femme que je ne connais pas. Je veux tout tenter avant de mourir.

Edward, pendant la réponse de miss Arinda, tourna la tête avec cette nonchalance affectée qui, chez lui, cachait toujours une intention. Il donna aux balcons et à la porte de la façade un de ces regards rapides qui contiennent une longue et triste pensée, et rendit subitement à son front son habituelle sérénité.

— Sir Edward, vous êtes un hypocrite, disait Arinda. Quand un jeune homme veut sérieusement se marier, il trouve toujours un parti convenable ; surtout à Calcutta, où nous avons compté dans un bal deux cents demoiselles et quarante jeunes veuves... Ah ! sir Edward, vous me permettrez de vous quitter un instant pour embrasser mon père, que j'aperçois là-bas.

Au même instant, le colonel Douglas parut sur le seuil de l'habitation ; sa toilette était soignée comme celle d'Edward, et l'on aurait vainement cherché sur toute sa personne la trace de la griffe d'un Taug ; mais sa figure était empreinte d'une horrible pâleur. Edward courut à lui.

— Venez-donc, cher Douglas, lui dit-il ; votre retard est une imprudence sans pardon. Pour distraire miss Arinda de ses réflexions, j'ai mis l'entretien sur le mariage, c'est la seule conversation qui amuse les femmes des deux hémisphères et leur fait tout oublier, même leurs maris. Mais un quart-d'heure de plus...

— Edward, dit le colonel; heureux les braves qui sont morts cette nuit en faisant leur devoir !

— Heureux ceux qui vivent ! cher Douglas. Si la mort est un bonheur, c'est le seul qui soit toujours à notre disposition.

— Heureux les morts ! vous dis-je, cher Edward !... Laissez-moi mettre un masque serein sur ma figure de deuil... Il faut que j'aborde le nabab et sa fille... Vous, Edward, retirez-vous à l'écart... cherchez un coin de forêt bien sombre, et lisez cette lettre, sans témoin... Je vous attends.

Edward prit la lettre, la roula dans ses mains, et s'achemina lentement vers le bois qui s'étendait derrière l'habitation. Nous allons lire ce qu'il lut.

LA COMTESSE OCTAVIE AU COLONEL DOUGLAS.

« Vous recevrez, mon cher colonel, dans le même pli, ma lettre et la dépêche du ministre : elles s'expliquent mutuellement.

« Vous avez rompu violemment votre mariage avec Amalia ; vous avez fait une chose sans exemple dans l'histoire des mariages ; vous avez cru mettre votre conscience à l'abri de tout reproche, en sauvegardant les intérêts d'une jeune fille, comme dit le tuteur ; vous voguez vers l'Inde, libre de tout souci ; vous allez vous battre avec les sauvages, traverser le Bengale, faire de l'histoire ; vous allez vivre, jouir, oublier. Eh bien ! voici un coup de foudre dans une enveloppe de papier.

« Comme tous ceux qui ont vécu chez les sauvages, mon cher colonel, vous ne connaissez pas le monde civilisé ; c'est un monde ténébreux qui n'a pas encore eu son Christophe-Colomb et qui ne l'aura jamais.

« Ce monde est charmant; il s'habille de satin, couche sur la soie et marche sur le velours ; il parle une langue douce comme le lait et le miel ; chez lui, toute chose a perdu ses angles et s'est arrondie pour les doigts et les yeux. Abordez ce monde, et si vous faites violence un seul jour à ses usages, vous sentirez le dard de l'aspic. En ce moment, vous êtes au Bengale, cher colonel ; vous êtes dans un pays peuplé d'innocents animaux féroces, qui n'ont peut-être jamais dévoré personne, et qui ont une formidable réputation de cruauté. On dit, ici, en parlant de vous : Ce pauvre Douglas ! Dieu fasse qu'il ne tombe pas sous quelque griffe de lion ou de léopard ! Quelle ingénieuse compassion ! nous avons dans nos grandes villes, sous le lustre de nos salons, sous les ombrages de nos jardins, deux tigres noirs que Buffon n'a pas classés dans sa ménagerie, et qui dévorent l'humanité depuis la fondation d'Hénokia : on les nomme en termes de dictionnaire, la médisance et la calomnie. Le sang humain que ces monstres ont fait répandre teindrait la mer que Moïse a traversée avant vous. N'importe ! on continue à vous plaindre ici, comme un autre Daniel dans la fosse aux lions.

« Il fallait un éclair à mon coup de foudre. Cette préface est l'éclair.

« Huit jours après votre départ de Smyrne, madame de N... ouvrait son salon de campagne à la société oisive et opulente de ce pays. Il était convenu que les invitations de l'an dernier seraient bonnes et valables, cette année, sans exception aucune. Voici, d'après un témoin digne de foi, l'entretien qui s'établit entre quelques intimes au début de la soirée, avant le bal. Une dame de nos ennemies, laquelle a le malheur de regretter sa jeunesse depuis quarante ans, appliqua la bordure de son éventail ouvert sur sa lèvre inférieur et dit : Il faut convenir que notre vie n'a jamais rien vu d'aussi dégoûtant. On ne nous a pas invités à une fête particulière, mais bien à un scandale public.

« Un vieux monsieur prit un air de commisération qui contrastait avec son air d'orfraie et son nez de vautour, et dit en larmoyant : c'est affreux pour la pauvre jeune fille, si elle est innocente, comme je ne le crois pas.

« — Amalia, — dit un savant voyageur, attaché aux ruines de Carthage, — m'a toujours paru une jeune étourdie fort exaltée, fort romanesque et gâtée par les poèmes de *Baïron*. Avec l'habitude que j'ai des femmes, je n'aurais pas voulu donner mademoiselle Amalia pour compagne à ma femme ou à ma sœur.

« — Croyez-vous bien que la chose soit positive ; là, comme le monde la raconte ? dit un invité qui ne savait que dire.

« — Eh ! mon Dieu ! dit l'attaché aux ruines, je tiens l'histoire de la bouche de deux consuls. C'est maintenant de l'histoire ancienne. Mademoiselle Amalia était en intrigue criminelle, depuis six mois, avec ce jeune comte polonais... dont j'ai oublié le nom....

« — Le comte Elona Brodzinski, dirent quatre voix.

« — Tout juste ! le comte Elona. J'avais son nom sur les lèvres, poursuivit le chroniqueur. Un ami dévoué arrive, par hasard, de Londres.... ou des Indes; ce grand monsieur brun, Anglais, je crois.... oui, puisqu'il se nomme sir Edward. On ouvre les yeux de Douglas. L'ami lui dit : Mon cher, telle chose se passe ; il faut rompre : vous êtes trompé avant d'être mari. Le pauvre Douglas demande des explications. Une correspondance d'amour est remise entre les mains du colonel. La scène se passait au premier étage. Un consul m'a dit que c'était désolant. Douglas aimait la petite Grecque comme un fou ; mais les preuves étaient accablantes. La comtesse Octavie, qui connaissait l'intrigue à fond, a voulu défendre l'honneur d'Amalia. On lui a fermé la bouche avec la correspondance. Vous connaissez la comtesse. Quel démon habillé en femme ! Elle attendait sir Edward sur la terrasse ; elle a tenté un dernier effort, elle a même fait des gestes de menace et de malédiction. Sir Edward lui a dit : « Madame, vous ne parviendrez pas à blanchir ce qui est noir. Adieu. » Trois domestiques l'ont entendu. En dernière ressource, et pour n'avoir aucun regret, le colonel Douglas a voulu se ménager une explication avec le comte Elona. Nous avons cherché notre Polonais partout; pas de trace du comte Elona. Au premier nuage, il était disparu. On ne l'a plus revu depuis. Le monde affirme que la comtesse Octavie lui donne asile dans sa maison. Voilà l'histoire en trois mots. C'est scandaleux, mais c'est vrai. Je ne calomnie pas, Dieu m'en garde ! je raconte ce que vous savez tous.

« — Oh ! tout cela est exact; il n'y a pas un mot à changer ! dirent en chœur plusieurs vieilles femmes peintes sur la tapisserie du bal.

« Tel était, mon cher colonel Douglas, l'échange de calomnies qui se faisait entre nos amis, et qui devait amener un résultat déplorable, comme vous allez voir.

« Cependant les invités arrivaient en foule, les croisées resplendissaient de lumières : on dansait déjà partout.

« J'avais triomphé de la résistance d'Amalia; je l'avais entraînée à la fête pour la distraire un peu. Il était convenu qu'elle ne danserait pas. Le tuteur et deux parents d'Amalia nous accompagnaient; M. Ernest de Lucy donnait le bras à ma jeune amie ; M. Edgard de Bagnerie me donnait le sien. Nous arrivons à la grille, nous descendons de voiture.... Un domestique nous barre le passage et nous demande avec un ton insolent, écho de la voix de ses maîtres, si nous avons nos billets d'invitation. — Nous les avons reçus l'an dernier, répondit M. Ernest de Lucy. — J'obéis à des ordres, dit le domestique en se plaçant devant la grille, en pose de Cerbère.

« Une inspiration soudaine m'éclaira ; je compris tout. Venez, dis-je à M. de Lucy. N'attendons pas une troisième insolence. Le jeune homme garda le silence et m'obéit.

« De nouveaux invités arrivaient, et la grille s'ouvrait à deux battants. On ne leur demandait pas de cartes d'entrée à ceux-là. Oh! il n'y a pas de supplice comparable à celui que j'ai souffert à cette heure! descendre d'une voiture, en robe de bal, recevoir l'insulte d'un valet, subir les regards ironiques des belles dames qui entrent, joyeusement suspendues aux bras de leurs cavaliers!... le Néron des femmes ne saurait leur inventer rien de plus cruel!... Nos deux jeunes gens furent admirables de tact parisien et de présence d'esprit. Excusez mon orgueil national : il n'y a, au monde, que les jeunes gens français pour savoir ce qu'il faut dire ou faire, dans un aussi terrible moment. Eh bien! mesdames, — dit M. de Bagnerie avec le plus gracieux sourire, ce domestique est une sentinelle stupide ; il faut respecter sa consigne. C'est sans doute une méprise. Il n'y a qu'un bal de perdu. Tout s'arrangera demain — oui,

oui, tout s'arrangera demain — dit M. de Lucy avec une tranquillité charmante. Ce domestique est sans doute nouveau dans le service. Je ne le connais pas, moi qui suis un ancien de la maison.

« Nous feignîmes de nous payer de ces raisons, Amalia et moi, et notre fausse gaîté se mit à l'unisson de la gaîté de ces messieurs.

« Le lendemain, au tomber du jour, une terrible nouvelle se répandit dans la ville. Edgard de Bagnerie et Ernest de Lucy s'étaient battus en duel avec les deux proches parents de madame de N... Les quatre combattants avaient été grièvement blessés. Cette fois le bruit public disait vrai. Je ne vous peindrai pas notre désespoir; je vous supprime même les détails qui suivirent. Souvent une seule ligne dit tout ce qu'on ne dit pas.

« La chancellerie s'émut de cette nouvelle : *Forcing-Office* en fut instruit. Moi-même, je ne vous le cacherai point, je crus devoir écrire à Londres, dans votre intérêt, comme dans celui de l'honneur d'Amalia. Je vous défendis énergiquement tous les deux, Mais cette justification, écrite dans le premier accès de fièvre, eut un résultat que je n'avais pas prévu. Elle tourna contre vous. Certes, vous ne me garderez pas rancune de ce tort, si c'en est un. Votre âme est trop généreuse pour me reprocher une démarche qui va vous ménager l'occasion de faire la plus belle action de votre vie, mon cher colonel.

« Avec moins de franchise dans l'âme, je vous aurais soigneusement dérobé mon intervention dans cette affaire, mais je ne sais pas voiler mon visage, ma parole ou ma main. J'ai trouvé le secret d'être plus diplomate que tout le monde ; c'est de dire toujours la vérité.

« Au point où en sont les choses, et lorsqu'il s'agit de rendre l'honneur à une noble orpheline sans appui, deshonorée par votre brusque et inconcevable départ, vous ne balancerez point. La dépêche du ministre a un caractère officiel d'indignation et de menace, fort inutile à mon sens. Lorsqu'on écrit ainsi, il semble qu'on doute, et le doute est déjà une injure. On vous donne, avec une grande sécheresse officielle, un ordre qui peut se traduire littéralement ainsi, en changeant les termes : colonel, en recevant cette dépêche, vous remettrez vos épaulettes au capitaine Moss ; vous abandonnerez votre poste, la veille d'un combat ; vous déserterez, vous vous déshonorerez. Vous n'avez qu'un parti à prendre pour vous sauver de cette honte, épouser Amalia.

« Le nom de Byron a même été mentionné dans la dépêche. C'est la première fois que White-Hall s'occupe de ce grand poète. On voit bien qu'il est mort.

« Vous allez voir maintenant, mon cher colonel, qu'une femme a plus d'intelligence qu'un ministre : le ministre doute et insulte ; moi, je ne doute pas et je réhabilite. Je voudrais que le colonel Douglas épousât Amalia avant de lire la dépêche ministérielle, si cela est possible. Cela tient à la bonne volonté du vent et de la mer. C'est vous dire que nous voudrions arriver avant le paquebot des dépêches ; c'est vous dire que nous partons. Plaise à Dieu que je puisse vous annoncer de vive voix ce que je vous écris en ce moment.

« Oui, nous partons. Amalia ayant été reconnue, en cette occasion, pupille de la chancellerie, son nouveau tuteur, M. Tower, homme de noblesse et de probité, nous accompagne dans ce long voyage. Amalia fait ses préparatifs avec un empressement qui ressemble à de la joie ; elle était si triste depuis si longtemps que son premier sourire m'a paru l'aube de son bonheur. Moi, j'ai hâte de quitter une ville où trop de calomnies nous ont accablées, où trop de sang généreux a coulé pour nous. Aucun lien ne m'attache à ce pays ; j'ai vendu mes propriétés depuis plusieurs mois, en prévision de quelque chose de fatal. Toute terre me sera bonne maintenant, je serai heureuse en voyant le bonheur d'Amalia.

« Nos deux jeunes gens sont rétablis de

leurs blessures, et rappelés en France, l'un par le ministre, l'autre par sa famille. Voilà un bel exemple de dévoûment que vous ont donné ces deux Français, mon cher colonel. Vous ne serez pas vaincu par eux.

« Nous avons pris nos renseignements à bonne source. Nous aborderons à quelque port du Malabar, et ordre a été donné de nous faire escorter jusqu'au grand village de Roudjah, au centre des possessions anglaises, où nous nous arrêterons. Il y a à Roudjah un état-civil, deux temples et cinq ministres presbytériens. Avec cela on garde ses épaulettes et l'honneur.

« Votre toute dévouée,

« Comtesse OCTAVIE DE V. »

P. S. « Le monde, comme vous venez de le dire, a prétendu que je donnais asile, dans ma maison, au jeune comte Elona Brodzinski. Voici la vérité : le comte Polonais a disparu le lendemain de cette malheureuse fête ; on ne sait ce qu'il est devenu; je présume qu'il a suivi la caravane de Métélin, et qu'il est allé en terre sainte. Pauvre jeune homme! »

En lisant cette lettre, Edward avait accompagné chaque ligne d'un monologue de commentaires; après l'avoir lue, il la laissa tomber, et ses bras tombèrent aussi de toute leur longueur, comme pour suivre la lettre. Cet homme intrépide, qui venait de lutter, sans pâlir, avec une armée de démons indiens, entré des ruines et des tigres, dans un carrefour de l'enfer, tremblait comme la feuille au vent, à la lecture d'une lettre de femme. Puis, comme il arrive à toutes les âmes fortes, il se retrempa vigoureusement dans un accès de courage viril; il ramassa la lettre et se dit à lui-même, pour s'exciter mieux : Allons secourir le pauvre Douglas!

Le nabab, sa fille, le colonel Douglas et le comte Elona, se mettaient à table, lorsqu'Edward parut; il salua de son plus gracieux sourire, et s'assit.

— Nous vous avons attendu, sir Edward, dit Arinda, votre exactitude est en retard d'un quart-d'heure.

— C'est que, miss Arinda, j'avais réglé mon exactitude sur ma montre ; vous savez que les montres ne servent qu'à dire l'heure qu'il n'est pas.

— Avez-vous reçu des lettres de Londres par le dernier paquebot, sir Edward?

— Oh ! j'ai renoncé au genre épistolaire depuis longtemps. Les lettres abrègent la vie. On passe la vie à désirer des lettres. Un facteur est un messie qui n'arrive jamais quand on l'attend, et qui arrive quand on ne l'attend pas. Dernièrement, j'assistais à *Golden-Cross* au départ de la malle-poste. Je fus attristé en songeant à l'énorme quantité de fautes d'orthographe que cette voiture allait distribuer aux cinq parties du monde, et je me promis bien de ne jamais envoyer une de mes pages en si mauvaise compagnie. *La lettre tue*, dit la Sagesse, et la Sagesse a raison. Celui qui a une bonne nouvelle à vous annoncer la garde pour lui ; la mauvaise ne manque jamais. Si j'étais ministre, je voudrais me donner un spectacle admirable. Je convoquerais tous les citoyens de Londres qui attendent des lettres, sur le vaste plateau d'Hampstead, à dix heures précises du matin, et je leur ferais la distribution par tous mes facteurs. On entendrait des soupirs, des colères et des grincements de dents sur toute la ligne. Ce serait une répétition générale du drame de Josaphat. La chambre des communes supprimerait la poste le lendemain, par humanité.

Le colonel Douglas riait de ce rire faux, qui agite les épaules, contracte automatiquement le bas du visage et laisse la tristesse dans les yeux.

— Eh bien ! moi, dit Arinda, je n'en ai reçu qu'une seule dans ma vie, ce matin, mais elle me comble de joie. Notre intendant m'écrit de Roudjah qu'il a reçu mon piano ; et quel piano ! Un chef-d'œuvre de Broadwood ; ce fameux artiste anglais qui a ajouté une octave à l'instrument!... C'est au colonel Douglas — dit-elle en s'inclinant avec le plus gracieux sourire — que je dois ce cadeau superbe, et je lui en fais mes remercîments.

Une pâleur mortelle couvrit le visage de Douglas. Edward ébranla la table, en la frappant de sa main.

—Un piano de Broadwood ! dit-il, un piano à Nerbudda ! dans les entrailles du Bengale ! O Brahma ! et les philantropes envoient des bibles! Qu'ils envoient des pianos, ces braves gens ! Le monde doit être civilisé par le chant et la danse. Quand les cinq parties du monde exécuteront les quadrilles de Paris et la musique de Rossini, de Meyerbeer, d'Halévy, d'Adam et d'Auber, on ne tirera plus de coups de canon. Les canons ont le tort de chanter faux; les batailles sont des charivaris intolérables : Mais savez-vous, miss Arinda que nous allons passer ici une vie délicieuse avec un piano de Broadwood ? Nous.

ferons de la musique du matin au soir. Avez-vous des voisins ?

— Des voisins d'une lieue, sir Edward.

— Aux Indes, ce sont des voisins. Nous inviterons les voisins et nous danserons.

— Bravo ! sir Edward ! — s'écria la jeune Indienne en bondissant de joie. — Nous danserons ! Je veux d'abord que mon bal de noces soit superbe. N'est-ce pas votre avis, colonel Douglas?

— Superbe ! dit le colonel, en souriant faux.

— Nous inviterons la famille hollandaise Van-Meulen, trois demoiselles et deux fils grands comme vous, sir Edward. Le plus jeune n'a pas vingt ans. Nous inviterons la famille portugaise Magnado ; il y a dix personnes. La famille anglaise Clarke ; six demoiselles et deux fils qui ont des cheveux roux....

— Tu oublies nos plus proches voisins, dit le nabab, tu oublies les colons d'Amérique, les Walles...

— Oui, c'est juste, je les oubliais, parce

qu'ils ne sont pas amusants. On les accuse d'être quakers. L'an dernier, nous n'avons passé que cinq jours à Nerbudda. Cependant, nous leur avons fait une visite, et ils ne nous l'ont pas rendue.

— Tu oublies encore, ma chère enfant, dit le nabab, que l'an dernier l'habitation de Nerbudda, malgré sa garnison, n'engageait pas trop les voisins à la visiter, à cause de la guerre. Aujourd'hui, c'est bien différent. Les Taugs ont disparu, les voisins nous reviendront.

— Ah ! c'est bien à vous, colonel Douglas, dit Arinda, que nous devons la tranquillité de nos campagnes. Vous vous êtes dévoué avec un héroïsme modeste, comme dit sir William Bentinck. Maintenant, votre pays n'a plus rien à vous demander... Mais j'ai à vous demander quelque chose, moi, — ajouta-t-elle avec un ton enjoué.

— Ah ! voyons ! — dit le colonel, en se dandinant nonchalamment sur son siége.

— Quand nous serons mariés, puisque la guerre est finie, vous me ferez voir Londres et Paris. Mon père nous donnera un congé d'un an. On m'a dit que Londres était plus grand que Calcutta.

— Londres ! s'écria Edward d'une voix retentissante, pour détourner les yeux des convives de la figure cadavéreuse du colonel, — Londres n'est pas une ville ; c'est une planète, un monde ; c'est une ville qui n'a ni commencement ni fin ; Calcutta est son faubourg indien. Il y a un ruisseau entre eux deux, l'Océan. Mais je n'aime ni Calcutta ni Londres ; s'il fallait choisir, je choisirais le ruisseau.

— Et moi aussi ! dit le colonel, pour dire quelque chose.

— J'entends un bruit de roues dans la grande allée, dit Arinda en battant des mains ; notre fourgon arrive de Roudjah ! Voici mon piano !

Et elle abandonna la table, en courant comme une gazelle.

Le nabab, qui n'avait pas encore exercé ses

droits de propriétaire, prit le bras du comte Elona pour lui montrer, à vol d'oiseau, l'étendue de ses domaines, du haut du belvédère de l'habitation.

Edward et Douglas étaient seuls.

Ils croisèrent les bras et se regardèrent quelque temps en silence, s'interrogeant mutuellement avec les yeux. Le colonel parla le premier.

— Edward, dit-il, voici une de vos phrases d'hier : *Je voudrais bien que Dieu me dît si la comtesse Octavie est un ange ou un démon !* Edward, êtes-vous fixé, maintenant ?

— Je l'avais flattée dans ma dernière supposition, mon cher Douglas ; j'avais calomnié le diable... Eh ! maintenant je respire un peu ; l'impression première est passée. Tout à l'heure j'ai fait le semblant de rire, et il me semble à moi-même que j'ai ri... Il faut avoir deux choses dans ce monde pour vivre jusqu'à sa mort, sans se courber : le courage des crises bourgeoises et la santé de ses passions. Ces deux qualités vous manquent, cher Douglas. Vous vous trahissez comme un enfant.

— Mais, avez-vous bien envisagé ma position, mon cher Edward ?

— Oui, Douglas.

— Sur toutes ses faces ?

— Oui.

— Eh bien, Edward, vous pensez qu'il y a dans l'arsenal du cœur une espèce de courage pour subir avec calme ce coup de foudre ?

— Et moi ! Douglas, suis-je sur des roses ? Vous dirais-je comme l'empereur Guatimozin... la tigresse blanche arrive pour me dévorer...

— Et qui vous empêche de fuir, vous, Edward ? Votre honneur militaire n'est pas en jeu.

— Je tiens à mon honneur civil comme vous tenez au vôtre... Je ne puis pas fuir aujourd'hui, parce que nous nous sommes battus hier. Que diraient vos jeunes officiers de Roudjah, que dirait mon brave Nizam, et que dirais-je moi-même? Je ne veux pas me déshonorer à mes propres yeux.

— Après tout, que pouvez-vous craindre de la comtesse Octavie? Il me semble qu'en l'attendant ici de pied ferme, vous ne faites pas une grande dépense d'héroïsme, cher Edward.

— Ah ! cela vous paraît ainsi, cher Douglas... Eh bien, vous êtes dans l'erreur. Je l'attendrai puisqu'il le faut, mais j'efface Régulus et Curtius... Parce que vous me voyez sourire, vous me croyez brouillé avec le désespoir. Je vous mens, mentez comme moi.

— Et que fais-je donc !... Savez-vous, Edward, que ma douleur est déjà vieille de la moitié d'un jour? que son premier accès a failli me tuer ce matin, et qu'en échappant à ce coup de tonnerre, j'ai appuyé trois fois la poignée de mon poignard sur mon cœur ?... Vous voyez bien qu'à cette heure je vous mens.

— Pas assez, Douglas.

— Sondez-vous comme moi, Edward, l'horreur de ma position? Voyons... donnez un nom humain à la chose fatale qui m'arrive ; imaginez un moyen pour me retirer vivant de ce gouffre où la dépêche d'hier m'a précipité... Je n'ai pas même le suicide pour me sauver. Ma vie est attachée à la vie de mes soldats. Si je puis disposer de la mienne, je dois respecter la leur.

— Mais vous ne pouvez pas même disposer de la vôtre, cher Douglas ! et d'ailleurs le suicide est une lâche désertion, et vous êtes en pays ennemi, mon colonel !

— Edward ! dit le colonel avec une expression de voix sourde, mais plus déchirante que le cri d'un blessé, — Edward ! ma tête brûle, ma raison s'échappe du cerveau, je le sens... Il faut que je réponde au ministre demain... il le faut... que répondre ?

— Que vous donnez votre démission...

— Impossible, cent fois.

— Que vous épousez Amalia...

— Mille fois impossible.

— Eh ! je le sais bien ; je le sais comme vous, Douglas.

— Pourtant, il faut répondre.

— Avez-vous un troisième parti à prendre?

— Non, Edward, il n'y a pas de troisième parti.

— C'est donc celui qu'il faut créer.

— Mais s'il n'existe pas, Edward !

— Parbleu, nous ne serions pas obligés de le créer, s'il existait.

— Quant à moi, Edward, j'y renonce.

— Je ne renonce à rien moi.

— Ainsi donc, Edward, vous trouverez...

— Je chercherai ; on commence toujours par là quand on veut trouver... Douglas, ce que je vais vous dire est maintenant vrai, quoique l'histoire le rapporte. On disait à Christophe Colomb : Vous avez voyagé en Asie et en Afrique, nous vous défions de voyager ailleurs...

— Il chercha l'Amérique...

— Et il la trouva.

— Edward, c'était plus aisé.

— Ah ! Douglas, vous avez inventé l'orgueil ! Je suis plus modeste, moi. S'il fallait découvrir un monde, j'y renoncerais, mais dans votre cas, il ne s'agit peut-être que de découvrir trois mots. Votre salut est dans le dictionnaire. Nous le trouverons... Douglas, attention à votre visage ! Voici miss Arinda qui vient nous aborder...

— Edward, ma langue se paralyse... à mon secours !...

— Et voilà ce que nous appelons des hommes !... Une femme tue un géant... et je suis comme cela aussi, moi !... C'est honteux !

— Colonel Douglas, — dit Arinda quand elle fut à portée de se faire entendre, — donnez-moi votre bras, je veux que vous veniez remercier l'accordeur de pianos que vous m'avez envoyé de Roudjah. Cela lui fera tant de plaisir, à cet excellent homme. Il vient de me dire : Oh ! si j'avais un seul mot d'éloge du colonel Douglas, je serais payé pour toute ma vie ! Il faut vous dire qu'il a refusé mon argent.

— Voici qui me confond de surprise ! dit Edward. Comment ! nous aurons même un accordeur ! Décidément, le Bengale a donné sa démission.

— Un accordeur indien ! dit Arinda. Un compatriote ! il faut voir avec quelle dextérité de jongleur et quelle grâce d'artiste il a touché l'instrument !

— Un accordeur indien ! dit Douglas, allons voir ce phénomène... Vous ne nous accompagnez pas, Edward ?

— Dans l'instant, je vous rejoins.

— Ne tardez pas trop, Edward...

— Non ; je fais deux tours dans cette allée, je découvre l'Amérique, et je suis à vous.

— Edward, trouvez-moi un secret de vivre encore quinze jours ; après, nous verrons.

— Douglas, je vous promets ces quinze jours.

LA FABLE INDIENNE.

VII

— Colonel Douglas, dit Arinda en entrant dans la salle, je vous présente un brave homme, qui est plein d'admiration et de dévoûment pour vous.

Du premier coup-d'œil, Douglas reconnut Nizam dans l'accordeur de pianos.

— Miss Arinda, dit-il, m'a fait le plus grand éloge de votre talent..... Comment vous appelez-vous ?

— Tauly, mon colonel, répondit Nizam avec une bonhomie charmante.

— Où avez-vous appris votre profession ?

— A Ceylan, chez le colonel Fénéran.

— Un de mes bons amis... Vous habitez Roudjah ?

— Oui, mon colonel ; et de là je vais dans les habitations et les villages voisins où je suis appelé.

— Vous allez vous charger d'une lettre pour le capitaine Moss, n'est-ce pas ?

— Mon colonel peut me donner toute sorte de commissions, je les remplirai. Il sera content de moi, j'espère.

— Excusez-moi, miss Arinda, dit le colonel ; je monte à mon appartement pour écrire cette lettre. Tauly, suivez-moi.

Lorsque Nizam et le colonel furent seuls, ce dernier lui dit :

— Je vous rends votre surnom qui vaut mieux que votre nom ; nous sommes seuls maintenant. Nizam vous avez quelque chose à me dire ; parlez.

— Colonel, je ne voulais entrer dans cette

habitation qu'avec un prétexte naturel. J'ai saisi l'occasion du piano ; si celle-là m'eût manqué, j'en aurais trouvé une autre ; les grandes routes sont pavées d'occasions. Voici donc ce que j'avais à vous dire pour le moment : On vous a sans doute montré le fakir Souniacy à la fête de Dourga ?

— On m'a montré beaucoup de fakirs, des fakirs de toutes les couleurs, mais je n'en connais pas un seul par son nom.

— Cette nuit, le fakir Souniacy commandait la bande des Taugs. Mon colonel, c'est un jeune vieillard de trente ans, qui a beaucoup d'intelligence et d'imagination, mais qui se laisse affaiblir par l'abstinence et abrutir par le fanatisme. Les Taugs lui obéissent comme ils obéiraient au dieu bleu. J'ai connu, à Hydrabad, Souniacy enfant, et voilà pourquoi je ne l'ai pas tué cette nuit, quand il a passé devant la pointe de mon poignard...

— Vous étiez donc avec nous, cette nuit, Nizam ?

— J'y étais et je n'y étais pas, mon colonel. A cette heure, vous me voyez en costume de colon ; je ressemble à un gentleman cuivré ; mais cette nuit j'étais déshabillé en taug. Depuis plusieurs jours, j'ai rasé ma tête et je ne mange pas, pour maigrir. Ces cheveux, que vous voyez à présent sont faux. Ainsi, je ne pouvais pas m'exposer, la nuit dernière, à une méprise deux fois funeste, car je serais mort deux fois si j'avais été poignardé par vous ou par sir Edward. Mon poste, dans le combat, me mettait à l'abri de tous les coups. J'observais le fakir Souniacy ; lui ne s'était pas engagé, le pauvre homme, un souffle le renverserait ; ce n'est pas un corps, c'est un esprit. Il crie et ne se bat pas. Au moment favorable, je l'ai enlevé dans mes bras comme une feuille de bananier.....

— Le fakir est pris, mon brave Nizam ?

— Il est à moi et à vous, mon colonel. En le prenant, j'ai fait cesser le combat, voilà pourquoi je l'ai pris.

— Et personne au moins n'a vu ton prisonnier ?

— Oh ! mon colonel, montrer ce prisonnier ce serait révéler la guerre. Je l'ai déposé en lieu sûr, dans le coin d'un bois. Maintenant me permettez-vous de vous interroger, mon colonel ?

— Parlez, mon brave Nizam.

— Que faut-il que je fasse de mon prisonnier ? Je vous avoue qu'il est fort embarrassant.

— Ce soir, à la nuit close, vous le conduirez chez le capitaine Moss, à Roudjah. Il faut en avoir le plus grand soin ; nous pouvons en tirer parti.

— Voilà une affaire arrêtée. Il sera fait selon vos ordres.

— Et vous, Nizam, quand viendrez-vous demeurer avec nous à Nerbudda ?

— Oh ! pas encore, mon colonel : j'ai mon logement ailleurs.

— Peut-on le connaître, Nizam ?

— A vous, mon colonel, je n'ai rien à cacher. Je suis logé dans un bas-relief, au temple souterrain de Doumar-Leyna. Ce bas-relief est fort beau, il représente le supplice de Ravana, le ravisseur de la belle Sita. Je dors sur les épaules du géant, et la chevelure de Sita me sert de rideau. C'est ainsi que j'assiste à tous les conseils de Taugs, présidés par le vieux Sing. J'ai broyé du granit de Doumar-Leyna; j'en ai composé une nuance de bas-relief; je me peins le visage, le torse et les bras, et quand je veux mieux entendre, je me mêle aux *boudas-çouràs* de pierre qui tourmentent le ravisseur Ravana. Vous comprenez? Je m'incruste dans le bas-relief, j'ouvre les oreilles, et je ferme les yeux.

Un sourire passa sur le visage du colonel Douglas. En tout autre temps, ce sourire se serait élevé jusqu'à l'éclat de la plus folle gaîté.

— Vous êtes un admirable serviteur, mon brave Nizam, dit-il, et quand l'heure de la récompense sera venue, vous ne serez pas oublié. Voyez quelle étrange guerre nous faisons ! Il nous est même impossible de récompenser les belles actions comme les vôtres, de peur d'éveiller le moindre soupçon autour de nous, dans ces campagnes tranquilles.

— Mon colonel, demandez à sir Edward si je travaille, moi, pour gagner une récompense. Lorsque je réussis dans une entreprise et que sir Edward me dit : Très bien, Nizam ! je suis récompensé. A Londres, j'ai vu, à l'angle de Charing-Cross, le palais du duc de Northumberland ; j'ai vu, au Strand, le palais du duc de Sommerset ; si vous me disiez : « Nizam, il faut enlever le vieux Sing, et pour récompense je vous donne ces deux palais, » j'enlèverais le vieux Sing, et je ne prendrais pas vos palais. Maintenant, mon colonel, je viens vous donner des avis de la plus haute importance, comme vous le reconnaîtrez bientôt. Avant de vous donner ces avis, je pourrais vous demander un prix pour cette révélation. Je ne demande rien, pas même une offre. Je veux m'enlever même l'orgueil de refuser.

Les sombres préoccupations du colonel s'évanouirent un instant ; l'intérêt militaire supprima pendant quelques minutes l'intérêt amoureux.

— Que mon colonel veuille bien m'écouter, poursuivit Nizam. Le repaire des Taugs est sur le versant méridional du mont Sérieh, au temple de Doumar-Leyna ; le colonel Sleeman, votre prédécesseur, l'avait soupçonné, mais il ne fut pas heureux dans ses explorations. Aujourd'hui nous sommes fixés ; un grand coup doit être frappé là ; c'est presque décisif. Colonel, pouvez-vous disposer de forces nombreuses ?

— Hélas ! non, mon brave Nizam ; on veut toujours nous obliger à faire de grandes choses avec de petits moyens. C'est la tactique du gouvernement de la métropole. Si, au commencement de la guerre, on avait réuni sur un seul point la centième partie des forces qu'on a épuisées, homme à homme, en dix années, tout serait terminé depuis longtemps. Les ministres n'ont jamais compris cela. Ils demandent : combien vous faut-il de régiments ? On leur répond : quatre. Ils en envoient deux. Combien faut-il de livres sterling ? — Mille.— Ils en envoient cinq cents. C'est ainsi qu'on ne fait rien, qu'on ne termine rien, et que beaucoup de sang et d'or sont dépensés en vain. Si au début le ministre eût fait le contraire ; s'il eût accordé le double de ce qui était demandé, on aurait tout écrasé du premier coup... Mais cela est hors de propos ; la chambre des communes est trop loin pour m'entendre. Songeons à la chose urgente, Nizam ; tâchons de faire beaucoup avec peu.

— Nous essaierons, colonel... il s'agit d'anéantir l'élite des Taugs, et de faire prisonnier le vieux Sing, l'âme de la guerre. Nous avons quelques jours de repos devant nous. Nos ennemis ont reçu hier une bonne leçon. Ils n'en profiteront pas, c'est positif. Quand ils seront revenus de leur étourdissement, ils recommenceront. Alors, nous frapperons notre coup. Je vous prie, mon colonel, de me donner une lettre pour le capitaine Moss, afin qu'il puisse mettre à ma disposition l'attirail nécessaire à notre grande expédition. Sir Edward vous dira que vous pouvez vous fier à moi.

— Oh! je n'ai pas besoin de la garantie de sir Edward! je vous connais, mon brave Nizam... Je vais vous écrire la lettre pour le capitaine Moss.

— Mon colonel — poursuivit Nizam, pendant que Douglas écrivait, — vous savez comme moi que Nerbudda est entouré d'espions. Tout à l'heure, en escortant le tandigel qui portait le piano, j'ai vu passer à travers champs des mines suspectes. Il y avait dans les rizières de faux béraidjes qui labouraient nonchalamment, et cachaient leurs têtes chauves sous des feuilles de bananiers. J'ai rencontré un fakir, qui est fakir comme vous et moi. Il tendait la main comme un mendiant, à une très grande distance de nous. Heureusement j'ai de bons yeux : le bandit demandait l'aumône aux arbres. Nizam a été plus rusé que lui : quand nous avons été sur les mêmes pavés, je lui ai donné une roupie en lui disant : Voilà pour payer vos ablutions quand le crieur de *Gangaï-Tirtam* passera. A cette distance, je l'ai reconnu ; c'est un vieux taug qui, en 1829, a failli étrangler le brave major Henley. Colonel, il faut tromper ces grands trompeurs. Quand nous serons à la veille de notre grande expédition, il faut donner des fêtes, des chasses, des festins, ici, à Nerbudda, si c'est possible. Les taugs ne doivent rien soupçonner. Nous leur laisserons croire que nous sommes endormis dans une tranquille ignorance. Au reste, mon colonel, je me trouve fort impertinent de vous donner des conseils, lorsque ce sont de simples avis que vous attendez de moi.

— Vous vous trompez, mon brave Nizam, — dit le colonel en se levant, la lettre fermée à la main.—Vous êtes injuste envers vous. Un chef, dans ma position, doit écouter tous les conseils, même les plus absurdes, et ceux-là ne viendront jamais de vous..... Nizam, voilà ma lettre pour le capitaine Moss. Avec cela, vous aurez tout ce que vous demanderez.

— Mon colonel n'a plus rien à me dire...

— Non... Seulement, je vous recommande votre prisonnier, le fakir Souniacy... à moins qu'en votre absence quelque tigre ne l'ait dévoré.

— Soyez tranquille, mon colonel, les tigres ne mangent pas les squelettes.

Le colonel congédia Nizam avec un sourire et un geste amical de la main. Il venait de se distraire violemment de la pensée dominante qui brûlait son cœur et son front. Dans les crises terribles, dans les maladies de l'âme, on cherche partout un remède moral qui donne au moins le temps de prendre haleine pour recommencer à souffrir. Douglas retomba dans son agonie quand il fut seul.

Pendant l'entretien de Douglas et de Nizam, une autre scène avait lieu sous les arbres, à quelques pas de l'habitation.

Le comte Elona avait abordé sir Edward avec cette franchise qui supprime tout préambule oiseux ou trompeur.

— Sir Edward, dit-il, excusez-moi si je vous interromps dans vos rêveries silencieuses; mais je vous trouve seul, il faut que je vous parle, et je saisis cette précieuse occasion.

— Je suis tout à vous, dit Edward avec un sourire ; parlez, comte Elona.

— Ce que j'ai vu, d'autres peuvent le voir, sir Edward; ce que j'ai vu, moi, je saurai le taire; d'autres en parleront... J'étais à mon balcon, la nuit dernière, rêveur et silencieux comme vous l'étiez tout à l'heure. Je regardais la nuit, les étoiles et les bois. C'est toujours ce qu'on fait à la campagne, dans les heures d'insomnie. J'ai entendu un bruit léger, un bruit prudemment diminué par la précaution, et aussitôt après, j'ai vu deux ombres glisser sur la façade du midi, et disparaître dans les arbres. Ma première idée a été de courir à vos appartements pour vous communiquer cette découverte. Une réflexion m'a retenu. Je pouvais donner l'alarme à la maison pour un motif peut-être fort léger en lui-même. Il était fort probable que deux domestiques s'échappaient ainsi furtivement, et couraient à quelque rendez-vous nocturne. Je n'ai donc pas quitté mon poste d'observation ; j'avais vu le départ, je voulais assister au retour. Croyez bien, sir Edward, que mes oreilles n'ont pas été dupes d'une illusion ; j'ai entendu au milieu de la nuit un cri lointain, répété à courts intervalles, cri aigu et déchirant qui semblait n'appartenir ni à l'homme, ni à la bête fauve. Quelques heures après, au lever des dernières étoiles, j'ai revu les deux mêmes ombres ; elles ont escaladé la façade avec une agilité merveilleuse, qui trahit assez l'origine indienne des deux maraudeurs. Au lever du soleil, il n'y avait sur la façade, aux balcons et dans le bois, aucune trace de la scène mystérieuse de la nuit. Maintenant, sir Edward, croyez-vous que je doive révéler au nabab...

— Gardez-vous-en bien, comte Elona! — dit Edward en suspendant la parole du jeune Polonais, — ce que vous avez vu par hasard est un secret de mort; ce que vous avez vu n'est pas une réalité, c'est un rêve, une vision, une *cavale de nuit* *!

— Non, non, sir Edward...

— Alors, comte Elona, vous ne comprenez pas ce que je dis; c'est peut-être ma faute. Ma parole est obscure comme cette dernière nuit dont vous parlez. Il le faut. Souvenez-vous donc de ceci : Ce que vous avez vu, vous ne l'avez pas vu ; ce que vous avez entendu, vous ne l'avez pas entendu. Suis-je clair, maintenant?

— Je vous comprends, sir Edward, et je respecterai vos mystères puisque vous vous méfiez de ma discrétion.

* Traduction littérale de *nigt-mare*, en français *cauchemar*.

— Comte Elona, dit Edward en serrant les mains de son interlocuteur, Dieu me garde de vous faire une pareille insulte ! Cela est si peu dans mon intention, que je vais sur-le-champ vous donner le mot de l'énigme. Je serai bref, parce qu'à tout moment le colonel Douglas peut arriver.

Edward raconta rapidement la terrible rencontre de la nuit dernière au comte polonais. En finissant il ajouta :

— A notre première expédition, comte Elona, il y aura sans doute trois ombres sur la façade du bois, n'est-ce pas ?

— Certainement, je vous accompagnerai, si le colonel veut bien me le permettre, sir Edward.

— Parbleu ! le colonel ne demande pas mieux. Vous ne dérangez personne, vous ne nuisez à aucun avancement. Vous prendrez le grade que vous voudrez. Votre uniforme est bien simple, un uniforme d'ombre passant le Styx : il ne vous gênera pas sur les coutures.

Ensuite, vous verrez des batailles d'un genre nouveau. Une seule décharge de coups de pistolets, une seule, pour ne pas donner l'alarme aux voisins de deux lieues. Ce bruit, d'ailleurs, s'il était entendu au loin, serait mis sur le compte d'un coup de tonnerre, tombé du ciel serein par distraction; c'est une chose commune dans l'Inde. Oh ! nous ne livrons pas une de ces batailles insipides à l'européenne, lorsque cent mille hommes, vêtus de rouge et de bleu, s'alignent aux deux horizons d'une plaine, et se tirent mutuellement dix heures de coups de canon, au milieu d'un immense charivari de trombonnes et de tambours. Vous verrez autre chose, et vous vous amuserez. Dans la phase de mélancolie accablante où votre vie se trouve, notre guerre poétique vous fera du bien... Maintenant, comte Elona, je vous demande confidence pour confidence... L'autre jour, vous m'avez entretenu de votre passion pour la jeune Grecque Amalia... Nous sommes à quelques milliers de lieues d'elle... la distance autorise quelques légères indiscrétions... C'est que je suis amoureux des aventures d'amour... l'amour est la seule folie qui soit raisonnable dans notre monde insensé; dites-moi, mon cher comte, étiez-vous sérieusement avancé dans votre passion avec mademoiselle Amalia?

— Votre demande, sir Edward, ne m'embarrasse nullement. Je suis heureux de pouvoir vous faire une réponse sincère et qui ne compromet l'existence de personne. Il me serait permis d'avouer mon amour, même devant Amalia, sans craindre de donner la plus légère teinte de rougeur à son beau visage. C'était l'amour dans sa plus innocente et sa plus sainte expression.

— Parole d'honneur?

— Je vous le jure, sir Edward.

— Comte Elona, je vous ai promis un vaisseau pour votre retour; tôt ou tard je tiendrai mon engagement. Vous reverrez Amalia... je vous le jure à mon tour... Maintenant, parlons d'autre chose... Je vous ai demandé confidence pour confidence; vous m'avez payé ; nous voilà quittes de ce côté... Il vous reste une dette, et vous êtes trop bon débiteur pour ne pas satisfaire votre créancier.

— Voyons la dette ?

— La dette est plus facile à payer, comte Elona.

— Tant qu'il ne s'agit pas d'argent, je suis en fonds.

— J'ai été assez heureux, mon cher comte, pour vous rendre, à Smyrne, un service léger...

— Immense, sir Edward.

— C'est à vous de le peser à sa valeur. Comme ce service ne me coûtait rien, je l'apprécie moins que vous. C'est alors moi qui vais être votre débiteur, parce que le service que je vous demande en échange est très important.

— Tant mieux, sir Edward.

— Il est même ennuyeux ; si vous me le demandiez, je ne vous le rendrais pas.

— Je vous le rendrai.

— Très-bien ! comte Elona ; si vous bravez l'ennui, vous êtes héroïque, je m'incline devant vous... Ecoutez ! Ecoutez !... Ah ! voilà qui me met en extase !... Miss Arinda inaugure son piano ! La musique fait son entrée au cœur du Bengale au son de la marche triomphale de la *Muette* d'Auber ! Les oiseaux chantent dans les volières et les arbres du bois ! La jeune fille de l'Inde exécute sur un terrain anglais les gracieuses mélodies de la France ! Comte Elona, il me semble que cette petite chose est plus grande qu'Austerlitz et Trafalgar.

Un silence de quelques instants suspendit l'entretien.

— Comte Elona — dit Edward en renouant la conversation sur un ton calme — nous avons le temps de causer encore sans témoin. Le colonel a été appelé pour tourner les feuillets de la partition, et le nabab se pâme de joie comme un sauvage. Ainsi, le loisir me favorisant, je puis vous débiter une charmante fable locale traduite par mon ami, M. Boze, ce voyageur français qui nous a donné le meilleur dictionnaire indien. C'est de circonstance.

LA FORÊT ET LE TIGRE.

FABLE.

« Une forêt et un tigre vivaient en bonne intelligence. La forêt protégeait le tigre, le tigre défendait la forêt : le service était mutuel. Les bûcherons n'osaient pas aller couper du bois de peur de rencontrer le tigre, et les chasseurs ne pouvaient jamais découvrir le tigre sous le feuillage épais et sombre de la forêt. Un jour, l'animal féroce eut la fantaisie d'abandonner sa protectrice et de prendre ses ébats, à la rage du soleil, dans un vaste champ de riz. Les chasseurs aperçurent alors le tigre à découvert, et le tuèrent facilement; et les bûcherons, ne craignant plus les dents et les coups de griffes, détruisirent la forêt. »

La moralité de la fable, poursuivit Edward, c'est qu'il faut se rendre service pour service, et dans le Bengale surtout, puisque la sagesse indienne à découvert cette maxime au premier âge du monde...

— Sir Edward, vous pouviez vous dispenser de me citer cette fable à l'appui : cependant, je suis charmé de la connaître...

— Elle est naïve comme une histoire de nourrice, ou comme la vérité... Voici donc ce que je vous demande, comte Elona. Vous irez à Roudjah ce matin même... avec une excuse... la première venue sera la meilleure pour le nabab... vous vous établirez dans la seule auberge de ce village, *sweet hours inn* (l'auberge des douces heures), et là, vous attendrez l'arrivée d'un nommé Tower.

— Quel est ce voyageur ?

— C'est un voyageur... un homme de bon sens et de probité..,

— Connu de vous ?

— Inconnu. Au reste, tout cela importe fort peu au service promis. Vous attendrez donc M. Tower.

— Je l'attendrai, sir Edward.

— Voyons, comte Elona, comment l'attendrez-vous? Donnez-moi une idée de vos mœurs, au chapitre de l'attente.

— Mais je crois qu'il n'y a pas deux manières d'attendre...

— Vous êtes dans l'erreur, il y en a cent, comte Elona, vous avez le courage et l'expérience d'un vieux guerrier; mais je vous soupçonne fort d'être novice dans les choses de la vie. Ecoutez bien. Vous me donnerez des leçons de courage, et je vous donnerai des leçons d'attente. Il faut que vous découvriez M. Tower au moment précis de son arrivée à Roudjah. Ce village, d'après les renseignements que j'ai pris, est fortifié comme un grand *blockouse*, et il a quatre portes. Si vous preniez, avec deux amis apostés, trois de ces portes, vous pouvez être certain que M. Tower arriverait par la quatrième. La vie s'amuse à nous jouer continuellement ces tours là. Si vous demandez le chemin de la mer pour y rencontrer M. Tower, qui doit nécessairement passer par ce chemin, puisqu'il débarque d'un vaisseau, vous pouvez être certain que M. Tower, à cause d'un accident non prévu, arrivera par le chemin de terre, en dépit de toutes les vraisemblances. Si vous attendez M. Tower nonchalamment assis dans la seule auberge de Roudjah, vous pouvez être certain que l'espiègle hasard vous inventera sur-le-champ une seconde auberge pour arrêter au passage notre voyageur. Et cependant il faut à tout prix que vous parliez à M. Tower avant son entrée à Roudjah. Si je vous fais un si long préambule, c'est que le service à rendre dépend tout de ce point essentiel. Encore une observation. Les convois de la mer et les voyageurs arrivent ordinairement à Roudjah vers le milieu du jour. Ne vous fiez pas à l'heure indiquée par l'aubergiste. Prenez votre poste d'attente depuis le lever du soleil jusqu'à son coucher. Si tous les convois arrivent, sans retard ni avance, à midi, croyez bien que celui que vous attendrez arrivera à dix heures du matin ou à deux heures du soir. Une seule chose n'est pas à craindre, c'est l'arrivée pendant la nuit ; donc la nuit est tout à vous. Je vais vous donner un ordre du colonel Douglas pour le capitaine Moss. Avec cet ordre, vous ferez fermer trois portes de Roudjah sous prétexte de tigre ou de panthère hydrophobe ; il n'en restera ainsi qu'une pour M. Tower ; le voilà bien forcé d'entrer par là. Lorsque vous verrez la poussière du convoi à l'horizon, vous trouverez un moyen naturel d'aborder, en chemin M. Tower, et de lui offrir vos services comme étranger...

— Mais à quel signe reconnaîtrai-je ce M. Tower ?

— Attendez ! Quelle vivacité polonaise ! On voit bien que le Nord se fait Midi..... Attendez ; je n'oublierai rien. J'ai l'habitude de jouer aux échecs avec le destin : je tâche de deviner les pièces qu'il poussera, et je prépare les miennes..... Vous reconnaîtrez aisément M. Tower ; il voyage avec deux femmes d'une beauté merveilleuse, et qui, fort heureusement pour vous, ne sont pas à lui......

— Oh ! que m'importe cela !

— Mon cher comte, vous êtes jeune et ardent comme un Français de Varsovie, et il se pourrait bien...

— Sir Edward, je vous en prie, au nom de Dieu ! trêve aux plaisanteries sur ce point.

— Puisque vous le voulez, noble et fidèle comte, ces deux dames ne serviront qu'à vous faire reconnaître M. Tower. Malgré toute la mauvaise volonté du hasard, il est impossible d'admettre qu'un autre voyageur puisse, le même jour, arriver avec deux autres dames d'une aussi rare beauté. Les belles et gracieuses femmes ne courent pas les grands chemins du Bengale tous les jours. Ici, mon cher comte, malgré ma sagacité, il m'est impossible de prévoir ce qui éclatera aux premiers regards échangés entre la société de M. Tower et vous.

— Je ne vous comprends pas bien, sir Edward...

—Je ne me comprends pas bien moi-même... Vous verrez... L'avenir a le tort de ne pas être le passé : nous serions trop instruits..... Mais quelque chose qui puisse éclater dans cette entrevue, mon cher comte, souvenez-vous bien de ma dernière recommandation. M. Tower est un homme d'honneur ; vous ferez un appel à ses nobles sentiments ; vous lui direz qu'à cette heure le colonel Douglas a dans ses mains les plus graves intérêts de l'Inde ; qu'il ne peut s'occuper absolument que de ces intérêts, à l'exclusion de toute autre affaire ; de toute autre affaire, entendez-vous ? fut-ce un mariage avec une mine de diamants incarnée dans la Vénus de Médicis !... Cependant, comme M. Tower n'est pas venu à Roudjah pour s'ennuyer à l'auberge des Douces Heures, vous ajouterez que le colonel Douglas ne demande qu'une trêve de quinze jours. Ces quinze jours, vous les passerez avec lui ; vous lui ferez bonne compagnie ; vous montrerez à ses dames les deux volumes in-quarto de l'ouvrage indien de Raffles, et les quatre volumes de l'Inde, de Solwins, avec des gravures sans nombre. Le capitaine Moss vous prêtera ces ouvrages. Il est cruel, je le sais, dans votre position, mon cher comte, de passer quinze grands jours avec les deux plus charmantes femmes blanches du Bengale ; mais il faut vous résigner à cet ennui. Il faut accepter M. Tower avec son entourage... Et puis, qui sait!... nous en avons vu bien d'autres... fidèles comme vous, et, l'occasion offerte...

— Ne recommencez pas, sir Edward, je vous en prie...

— J'ai fini, comte Elona. Vous avez toutes vos instructions et avec luxe, j'espère...

— Pardon, sir Edward, vous avez oublié un point essentiel, je crois...

— Voyons.

— Si M. Tower ne tenait aucun compte de mes conseils ou de mes ordres, que faudrait-il faire?

— Le cas est prévu. Nous sommes ici dans

une position exceptionnelle. Roudjah n'est pas un village comme Richmond ou Highgate, soumis aux lois de la charte anglaise. Nous n'avons ni constable, ni shérif. Or, si M. Tower se révoltait, vous feriez un signe au capitaine Moss, et à ce signe, la quatrième porte de Roudjah serait fermée sous un prétexte quelconque, pendant quinze jours. Mais M. Tower ne demandera pas mieux, après les fatigues de son voyage, que d'accepter le sursis. Vous verrez que les dames plaideront pour vous. Cela dépend de votre habileté.

— Quand faut-il partir, sir Edward ?

— Tout de suite, avant si c'est possible.

— Et mes lettres pour le capitaine Moss?

— Vous les recevrez ce soir, en arrivant. Mon brave Nizam vous les remettra, et vous donnera peut-être un supplément d'instructions. Ce que vous allez faire est ennuyeux à la mort, je le sais, mais si c'était amusant ce ne serait pas un service. On va vous faire seller un cheval ; on vous donnera un guide ; et bien avant le coucher du soleil, vous serez à l'auberge des Douces-Heures : c'est une enseigne attrayante, mais trompeuse comme toutes les enseignes... Pourtant, comte Elona, je ne sais quelle inspiration me dit que l'enseigne ne mentira pas cette fois.

— Vous avez la plaisanterie incorrigible, sir Edward.

— On ne doit pas se corriger de ses vertus.

— Vraiment, sir Edward, à la façon dont vous donnez des ordres sérieux, on serait tenté de croire qu'ils ne le sont pas.

— En voilà un autre !... Eh ! mon Dieu ! ne faites pas attention à la forme, regardez le fond. Comment ! je vous impose une corvée pleine d'ennui, et vous voudriez que je la fisse précéder d'une préface plus ennuyeuse encore, comme parlerait un député des communes en pareille occasion ! Je veux qu'on prononce mon oraison funèbre en riant. Comte Elona, la nuit dernière, si vous m'aviez vu avec les Taugs, j'étais sérieux... Vous souffrez d'une passion au cœur, dites-vous, une passion aiguë et chronique, et qui éternise la tristesse sur votre visage. Et croyez-vous donc que les autres soient exempts de passions, parce qu'ils vous parlent avec le sourire aux lèvres et l'étourderie aux yeux ? Gardons notre mélancolie pour nous ; causons avec elle dans notre isolement, avec la voix intérieure de l'âme ; affligeons-nous nous-mêmes sans pitié, si cela nous amuse ; mais n'affligeons pas nos amis ; respectons la sérénité du prochain ! Comte Elona, vous voyez que je sais parler sérieusement quand il le faut.

— Serrez-moi les mains, sir Edward. Vous avez toujours raison.

— C'est mon seul tort dans mes relations d'amitié... Mais puisque nous sommes à l'heure des confidences, je veux vous en faire une autre, moi. Seulement, j'exige, à l'amiable, que vous me parliez avec bonne franchise... Espérez-vous un jour revoir votre jeune et belle Grecque Amalia ?

— Certainement, sir Edward.

— Mariée ?

— Mariée, je ne la reverrai jamais.

— Je comprends cela mieux que personne. Et si elle n'était pas mariée, la reverriez-vous avec joie ?

Le comte Elona leva les yeux au ciel avec une expression de béatitude divine.

— Dites-moi, maintenant, croyez-vous que Amalia vous reverrait avec le même bonheur ?

— Je crois que si elle était libre, elle ne me reverrait pas avec chagrin.

— Eh bien ! voici la différence à remarquer entre nos deux positions. Moi, j'aime une femme créée tout exprès pour moi. Elle a les trois vertus de l'amour : la beauté, la grâce et l'esprit. Elle a ce charme sensuel qui s'ennoblit par l'intelligence. Elle a cet attrait infernal ou divin qui fait croire à ses adorateurs que le globe de ce monde est le grain de sable foulé par ses pieds... Comte Elona, si cette femme me revoyait, elle demanderait au ciel un coup de tonnerre pour m'en écraser. Et moi... écoutez bien ceci, comte Elona... moi, j'ai juré de ne jamais dire à cette femme : *Je vous aime !* en supposant que le coup de foudre dont elle me menace dût se changer en sourire sur son front... Je l'ai juré. Je respecte mes serments et je ne veux plus jouer avec l'amour. Deux fois dans ma vie mon cœur s'est brisé !... Voyez si j'ai besoin de toutes mes forces pour donner la frivolité à ma parole, le sourire à mon visage, la sérénité à mon front ! Dites, quel est le plus homme de nous deux ? De celui qui raconte sa mélancolie à tout le monde, ou de celui qui cache son désespoir, même à son ami.

— Sir Edward, je vous remercie de la leçon, — dit Elona au comble de l'émotion, — j'en profiterai. Vous avez raison ; la faiblesse du cœur ne doit pas être un vice de l'homme. A Roudjah, si M. Tower arrive trop tard, j'aurai le temps de réfléchir sur tout cela.

— Mon cher comte, j'aime à vous voir dans ces dispositions, et je me sépare de vous avec moins de regret. Votre absence ne sera pas longue, j'espère. Partez vite pour l'abréger.

Après cet entretien, Edward s'occupa des préparatifs de ce départ. Il fit signer aveuglément au colonel Douglas deux lettres pour le capitaine Moss, et accompagna le comte polonais jusqu'aux limites du domaine de Nerbudda.

Douglas attendait le retour d'Edward avec une anxiété fiévreuse. Quand les deux amis se rejoignirent, ils eurent un court entretien ; et de toutes les paroles échangées entre eux dans cette journée, nous ne mentionnerons que celles-ci, comme étant les seules nécessaires à l'intelligence de cette histoire.

— Eh bien ! — dit le colonel, avec une voix agonisante, — dois-je vivre ? dois-je mourir ?

— Vous m'avez demandé quinze jours, je vous les donne.

— Et après ?

— Après, nous verrons. En attendant, allons épuiser les partitions de miss Arinda.

AU VILLAGE DE ROUDJAH.

VIII

En arrivant à Roudjah, le comte Elona suivit littéralement toutes les instructions données par sir Edward. Il se posa en dieu Therme devant la seule porte du village, s'établit sous un dôme d'accacias à larges feuilles, avec deux domestiques toujours prêts à exécuter des ordres, et trompa facilement les ennuis d'une longue attente en feuilletant les in-quarto de Raffles et les in-folio de Solwins. Dès qu'un nuage de poussière s'élevait vers l'horizon maritime, il courait sur la grande route et assistait au défilé des voyageurs indiens ou européens avec une émotion singulière dont il ne pouvait se rendre compte, et qui l'effrayait quelquefois comme un pressentiment. Un seul coup-d'œil lui suffisait pour s'assurer que ce qui était attendu n'était pas là. Les rideaux des palanquins, les stores des voitures, les parasols agités sur le dos des éléphants, ne laissaient entrevoir que des faces cuivrées, noires, brunes, qui rejetaient bien loin les gracieuses images dépeintes par sir Edward.

Neuf jours après le départ de l'habitation, une escorte de cavaliers cipayes étincela sur le chemin de la mer, et le cœur du comte Elona battit avec une violence extraordinaire. Cette fois, l'élan sembla lui manquer, il ne s'avança qu'avec lenteur, comme un homme qui désire ne pas voir ce qu'il attend. Elona laissa passer l'escorte, et ses yeux plongèrent dans un palanquin superbe, auprès duquel un voyageur européen faisait piétiner son cheval. Deux femmes étaient dans le palanquin, mais l'ombre des rideaux ne permettait point de distinguer et de juger leurs figures.

Le comte Elona salua gracieusement le cavalier, et lui adressa d'un ton aisé cette question :

— Ai-je l'honneur de parler à M. Tower ?

Le cavalier regarda fixement Elona et lui dit :

— Oui, Monsieur ; et vous êtes sans doute le colonel Douglas ?

— Je ne suis pas le colonel Douglas, mais, dans son intérêt, il faut que j'aie un entretien avec vous, monsieur Tower, à votre arrivée à Roudjah.

— C'est bien, monsieur. Nous pouvons causer en arrivant, dit Tower. Nous ne sommes pas fatigués. Ces dames sont endormies dans leur palanquin. Comme vous voyez, nous ne crevons ni les chevaux ni les porteurs ; nous allons le pas... Où nous rencontrerons-nous, Monsieur ?

— Je vous accompagne jusqu'à *Sweet-Hours-*

inn, où vous descendrez, sans doute : c'est la seule auberge de Roudjah.

— Alors, il n'y a pas à choisir, dit Tower.

Le comte Elona suivit le palanquin jusqu'à l'auberge, et se fit le garde-corps du voyageur. Cependant, à vingt pas du seuil de la porte, il crut devoir s'arrêter pour ne pas témoigner une curiosité indiscrète, lorsque les deux dames allaient descendre. Quand le palanquin eut cédé ses voyageuses à l'hôtellerie, le jeune comte s'élança vers M. Tower comme sur une proie, et l'entretien eut lieu sur-le-champ, dans la salle commune.

— La présence de ces dames n'est pas, je pense, nécessaire ici, dit M. Tower ; elles ont demandé un appartement, et nous serons seuls.

Elona remplit alors la commission de sir Edward, et avec une exactitude si scrupuleuse que, dans les quinze jours de sursis demandés, les neuf déjà écoulés n'étaient pas compris.

M. Tower écouta le comte avec une grande

attention, sans l'interrompre une seule fois. Après quelques minutes de réflexion silencieuse, il dit :

— Il me semble que vous ignorez absolument le motif de mon voyage au Bengale ?

— Je l'ignore. Je remplis en aveugle un message d'amitié.

— Pourquoi le colonel Douglas veut-il me faire perdre quinze jours ? Je comprendrais ce retard si la province du Nizam était en feu comme autrefois ; mais grâce à Dieu il n'y a pas plus de Taugs aujourd'hui que sur ma main. Le poste du colonel est une sinécure. On m'avait dit, à Londres, de ne pas m'aventurer dans les terres, s'il y avait du péril, et d'appeler le colonel dans quelque port du Bengale. Heureusement les renseignements que j'ai pris, à bonne source, en débarquant, et le *Bombay-Review*, dont j'ai parcouru les derniers numéros, m'ont rassuré complètement. On voyage à cette heure de la côte à Roudjah avec autant de sécurité que de Londres à Uxbridge. J'ai pris une escorte pour la forme, elle m'a coûté fort cher et ne m'a pas servi...

— L'escorte a toujours servi à rassurer vos dames, monsieur Tower...

— Ces dames ! bah ! on voit bien que vous ne connaissez pas nos intrépides amazones ! Je vous présenterai à elles à dîner... dans quelques instants... car il m'est impossible de vous improviser une réponse et une décision sur un sujet aussi grave... vous dînerez avec nous et nous causerons... j'aurai le temps de réfléchir... C'est que, voyez-vous, j'ai des ordres du ministre, des ordres formels, il faut que je parle au colonel en arrivant... ce soir, ou demain au plus tard... Excusez-moi, — dit Tower en se levant, — je ne puis m'engager comme cela sans réflexion... Nous nous reverrons dans une heure... Oui, il me faut une heure pour m'habiller et réfléchir... Je vous attends à dîner.

Le comte Elona salua M. Tower et sortit de la salle commune, mais non pas de l'auberge. Il attendit l'heure du dîner dans le vestibule.

Au premier appel du domestique, Elona parut dans la salle à manger, où M. Tower se trouvait déjà.

— Monsieur, dit-il, j'ai pris conseil de moi-même d'abord, et ensuite d'une personne qui est intéressée plus que moi dans cette affaire, et que j'ai consultée en tête-à-tête. Or, voici ce que nous avons décidé; nous attendrons quinze jours...

— Et pourquoi pas un mois ? — dit une voix dont le timbre unissait la mélodie à la fermeté.

— Pourquoi, monsieur Tower ?...

Cette interrogation était faite par une jeune et ravissante demoiselle qui entrait dans la salle en achevant de rajuster sa toilette, de sorte que ses yeux, occupés de gants et de bracelets, ne remarquèrent pas d'abord le comte Elona. La demande fut interrompue par un mouvement convulsif de surprise et un soupir guttural, annonçant qu'un effort suprême d'énergie venait de refouler un cri de stupéfaction. Le comte Elona, qui s'avançait pour saluer la belle voyageuse, faillit tomber la face contre terre, car tout le sang de ses pieds jaillit à son front, et laissa sur le visage, en se retirant, l'horrible pâleur de la mort. Cette jeune femme était la jeune Grecque Amalia.

M. Tower, tuteur plein de bon sens et de probité, par ordonnance ministérielle, appartenait à cette nombreuse classe d'hommes qui ont passé leur vie de cinquante ans à devenir amoureux, sans conséquence, de toutes les femmes qu'ils ont rencontrées. M. Tower était incapable d'abuser le moins du monde de sa position auprès d'une jeune pupille ; mais chemin faisant, de Smyrne aux Indes, il s'était épris fort innocemment de la fiancée qu'il conduisait à l'époux. Cette chaste passion ne lui donnait d'autre avantage que celui de se soumettre aveuglément à toutes les volontés de sa pupille : les rôles étaient intervertis, chose assez commune entre pupilles et tuteurs.

Lorsque la jeune demoiselle suspendit son interrogation dans une crise nerveuse, rapide comme l'éclair, M. Tower s'inclinait devant elle avec toute la pompe du respect et de l'adoration. — Mademoiselle, — dit-il en se redressant d'une façon juvénile, — puisque le colonel ne demande que quinze jours, ce serait une impolitesse, il me semble, de lui accorder un mois... Mademoiselle, je vous présente monsieur... Excusez-moi, monsieur, je ne vous ai pas demandé votre nom...

— Le comte Elona Brodzinski, — dit le jeune homme d'une voix inintelligible.

— Je vous présente monsieur le comte, poursuit Tower, un ami de votre futur époux... un Français... Je présume que monsieur est Français?...

— Français de cœur et d'âme, dit le comte qui appelait son trésor d'énergie virile à son secours.

— Mademoiselle Amalia, dit le tuteur, nous n'attendons plus que Madame la comtesse pour nous asseoir.

M. Tower était aussi un de ces hommes qui

ont passé toute leur vie prosternés devant eux-mêmes, et qui, dans l'habitude invétérée de cette adoration personnelle, ont perdu le sentiment de l'observation extérieure et ne regardent rien en dehors de leur circonférence, à moins qu'ils ne rencontrent un miroir. C'était un bel homme dans l'acception matérielle du mot, ayant assez de gravité taciturne et de recueillement hypocrite pour séduire un ministre anglais, mais enclin à cette gaîté lourdement folâtre qui attriste les gens d'esprit. Il aurait pu se donner, comme tout le monde des beaux hommes, quelques triomphes de bonnes fortunes; mais il avait toujours redouté d'accorder, même à des femmes, un peu de cet amour qu'il se prodiguait à lui-même dans un égoïsme triomphant. S'il avait pu se rencontrer en personne, dans l'autre sexe, il se serait épousé. Ainsi, nous ne serons pas surpris que tous les incidents du dîner échappent aux regards de M. Tower. Il se croit le centre de toutes les affections et de toutes les envies humaines. Les femmes l'aiment ou regrettent de ne pouvoir l'aimer ; les hommes l'honorent d'une jalousie sourde, qu'il se fait pardonner par son esprit et son aimable naturel. Le bourdonnement de surprises, de soupirs, de syllabes confuses qui roule autour de lui, ne peut s'adresser qu'à lui, c'est convenu. Hommes et femmes perdraient leur temps à s'occuper d'autre chose quand M. Tower est là, présent, pour faire le monopole de toutes leurs sensations à son profit.

Le mouvement qui accompagna l'entrée de la comtesse Octavie devait donc passer inaperçu devant M. Tower. Ce mouvement signifiait, en langage de M. Tower : Certes, cet étranger est assez bien ; mais à côté de M. Tower, il ne brille pas !

Au théâtre, les exclamations de surprise foudroyante se formulent ainsi : *Que vois-je ! — Ciel ! — Vous ici, Monsieur ! — En croirai-je mes yeux ! — Est-ce un songe ?*

Dans la vie réelle, les plus saisissantes émotions ne se formulent pas en syllabes escortées de points courbés ou verticaux. La comtesse Octavie ne prononça pas un seul mot en reconnaissant le comte Elona ; mais sa figure s'illumina d'un rayon triste comme un éclair d'orage au milieu du jour. Au reste, le comte Elona, la comtesse et Amalia étaient, vis-à-vis les uns des autres, dans une position si étrange, qu'ils étaient forcés de se traiter en inconnus, surtout en présence de M. Tower.

— Je vous présente M. le comte, dit M. Tower, un jeune Français, un de vos compatriotes, madame la comtesse, un ami de vos amis... A table, Mesdames, avec votre permission... Voici un dîner qui se présente bien... Aimez-vous le *mock-turtle soupe?*... Voilà des *meat-pies* fort appétissants, et un *turkey* de très bonne mine... On fait bonne chère à... Comment appelez-vous ce village, Monsieur le comte ?

— Roudjah.

— A Roudjah !... un nom turc... madame la comtesse. Que vous servirai-je ?... Je cherche un plat français... Voici du *lamp-chop* qui vous plaira peut-être...

La comtesse fit ce mouvement de tête et d'épaules qui signifie que le courage est revenu après la première émotion. Ses fines narines d'opale se contractèrent en même temps que ses lèvres, et une légère aspiration précéda sa première parole.

— J'accepterai ce que vous m'offrirez, monsieur Tower, dit-elle en avançant le torse sur la table, et en croisant ses beaux bras nus.

M. Tower se dessina fièrement, et présenta une assiette à la comtesse, avec un contour de bras qui visait à la grâce et manquait le but.

— Monsieur Tower, — dit la comtesse d'un ton délié qui ne laissait supposer aucune préoccupation antérieure, — avez-vous l'habitude de lire des romans?

— Ma...da...me, — répondit M. Tower avec une lenteur saccadée, pour prendre son temps et chercher des mots, — je lis des romans à la campagne pour tuer deux ou trois heures... Quand on s'occupe de choses graves, on aime peu les frivolités... et puis, lorsqu'on a été soi-même le héros d'une foule d'aventures romanesques... vous concevez...

— Croyez-vous, monsieur Tower, aux rencontres miraculeuses et impossibles ?

— Mais, Madame, je ne serais pas éloigné d'y croire.

— Vous avez raison, monsieur Tower ; quatre ou cinq numéros se sont rencontrés sur la même ligne, à la loterie : deux êtres humains peuvent bien se rencontrer, ils sont plus intelligents que des numéros.

— Oh ! le mot est charmant, belle comtesse !... Mais, à propos de quoi faites-vous cette réflexion ?

— A propos de rien... En voyage, la pensée n'a pas de logique... au Bengale surtout... le soleil allume le cerveau et trouble la raison...

— Belle comtesse, il faut vous apprendre

que nous donnons quinze jours de congé au colonel Douglas.

— Je ne vous comprends pas, monsieur Tower, dit la comtesse en lançant un regard sinistre au comte Elona.

— En d'autres termes, que nous passons quinze jours à Roudjah, dit Tower avec un sourire bénin.

— Quinze jours dans ce triste village !... Quelle idée !... Il me semble qu'il ne faut qu'un jour pour se marier ; n'est-ce pas, comte Elona ?

— Quinze jours avant le mariage, madame la comtesse, dit Tower.

— Ah ! quinze jours avant le mariage... Je comprends... C'est bien imaginé !

La comtesse lança des regards de mépris au comte Elona et à la jeune fiancée.

— Madame, dit Tower, nous ne voulons pas tomber sur le colonel Douglas à l'improviste...

— Oui, oui, il faut lui ménager son bonheur... La joie est souvent fatale... Je présume que cette idée appartient à M. le comte...

— Non, Madame, dit Elona d'une voix faible, cette idée ne vient pas de moi.

— Voulez-vous que je vous fasse rire aux larmes, belle comtesse? dit Tower en riant lui-même avec une stupidité intolérable, mademoiselle Amalia voulait augmenter encore ce congé de quinze jours.

— En effet, cela est fort risible, dit la comtesse avec un visage affreusement sérieux.

— Soignez votre amie, madame la comtesse, dit Tower, elle s'oublie à table; elle mange comme un Bengali...

— A table, monsieur Tower, chacun fait son devoir comme il l'entend, dit Octavie. Ah! messieurs, c'est donc ainsi qu'en mon absence vous faites vos petites conspirations?

— Oui! oui! dit Tower en riant aux éclats; nous faisons nos petites machinations, belle comtesse.

— Vous riez, monsieur Tower?... M. le

comte devrait bien rire aussi comme vous... Je soupçonne fort sir Edward d'être l'inventeur de ces complots...

A cette phrase, un domestique indien qui paraissait dormir debout, en attendant des ordres de service, fit un mouvement imperceptible, et se rapprocha d'un pas nonchalant. C'était Nizam déguisé en vieux serviteur d'auberge, et remplissant ses fonctions domestiques de l'air d'un sectateur de Siva, détaché des choses de ce monde, et attendant une occasion favorable pour se faire fakir.

— Je n'ai pas l'honneur de connaître sir Edward, dit Tower, du moins personnellement. C'est, dit-on, un assez bel homme, un homme agréable, mais un peu gauche avec les femmes.

— Monsieur Tower, dit la comtesse, c'est à vous que j'adresse la parole, mais ce n'est pas à vous que je parle...

— J'entends, j'entends, Madame, vous parlez en général...

— Oui, monsieur Tower, et surtout en particulier... Sir Edward est au fond de tout cela !

— Oh ! sur ce point, je vous affirme, Madame...

— N'affirmez rien, monsieur Tower, — dit la comtesse d'un ton de pitié accablant. — Sir Edward est ici... ici... à Roudjah ! peut-être là, dans la salle voisine..., et s'il m'écoute, tant mieux (la comtesse fit un sourire effrayant) ! il saura que mes sentiments à son égard ne sont pas changés... Mon Dieu ! je savais qu'il était ici... J'ai fait le voyage exprès pour le voir...

— Madame, dit M. Tower, la même chose, absolument la même, m'est arrivée... Une dame de Calcutta, mistress... je dois taire le nom, est venue à Londres pour me voir, en 1825 ou 26, l'année de l'incendie d'Edimbourg.

— Je ferai volontiers un pari, monsieur Tower...

— Ah ! voyons le pari, je le tiendrai peut-être...

— Il est toujours convenu, monsieur Tower, que je ne parle pas à vous.

— C'est convenu, Madame... Voyons le pari...

— Je mettrais ma tête pour enjeu ; le colonel Douglas ne sait rien de tout cela.

— Ah ! Madame, laissez-moi gagner votre tête !...

— Il ne sait rien, vous dis-je. Celui qui devrait répondre s'obstine à se taire...

— Madame, dit le comte Elona, ceci s'adresse à moi...

— Erreur, monsieur le comte, dit Tower, le débat est entre Madame et moi, et...

— Veuillez bien laisser parler M. le comte, dit Octavie à Tower.

— J'ignore complètement si le colonel Douglas a demandé lui-même ce retard de quinze jours, dit Elona.

— Alors c'est sir Edward qui l'a demandé pour le colonel?... Essayez de répondre.

— Vraiment, vous m'embarrassez, Madame, dit Tower.

Amalia se leva vivement, comme suffoquée par des émotions intolérables, et quitta la salle sans dire un mot.

— Est-ce que ma belle pupille se trouve mal? dit Tower. Il me semble que je n'ai rien dit de blessant... Excusez-moi, madame la comtesse, mon devoir est de veiller sur mademoiselle Amalia ; je vais lui envoyer sa femme de chambre. Elle est piquée peut-être au vif, je ne lui ai pas adressé une seule fois la parole... Oh! je connais les femmes!

M. Tower sortit de la salle, et le comte Elona redoutant un tête-à-tête impossible à soutenir, salua brusquement, et disparut par une autre porte.

La comtesse resta seule avec Nizam, à moitié endormi, en apparence, mais voyant tout, écoutant tout.

J'espère que tout cela est fort clair, maintenant ! dit la comtesse à haute voix, en se parlant à elle-même... Il faut révéler ce complot infâme à ce pauvre Douglas ; il faut se venger de ce démon de sir Edward... Oh ! quand les Anglais ne font pas des machines ils font des machinations ! Et moi ! moi !... je suis assez stupide pour donner mon affection à ce comte Elona !... un glaçon de Varsovie !

Elle se leva et fit quelques tours dans la salle, avec la plus vive agitation.

Nizam était toujours frappé de la même somnolence. La comtesse s'arrêta devant lui, et le toisa de la tête aux pieds.

Voyons, dit-elle, si ce monstre parle une langue humaine... essayons l'anglais... Je dis... (*J say*).

Nizam n'ouvrit que la moitié de ses yeux, regarda la comtesse, et se raidit sur ses pieds comme pour recevoir et exécuter un ordre.

— Comment vous appelez-vous ? demanda Octavie à Nizam.

— Tauly, répondit Nizam d'un air stupide.

— Tauly, connaissez-vous le pays ?
— Oui.
— Peut-on arriver à l'habitation de Nerbudda, chez le colonel Douglas, avant le coucher du soleil ?
— Avec un bon cheval, j'arriverai, moi, une heure avant la nuit.
— Vous pourriez donc me servir de guide, vous, Tauly ?
— Madame, ce n'est pas mon métier d'être guide... cependant...
— Je vous comprends, vous me servirez de guide, si je vous paie bien... Il me fait signe que oui. Noirs, blancs ou cuivrés, l'intérêt domine tous les hommes ! quelle race !... Tauly, pourrez-vous avoir deux chevaux ?
— En les payant bien...
— Eh ! certainement !
— Quatre livres le couple, par jour.
— Tout ce qu'on voudra.

— Une livre pour le guide ?

— Oui.

— Avec la nourriture, Madame.

— Oui... Quel sang-froid d'Indien ! Mais leur soleil les glace, ces gens-là ! Ce sont des Lapons en cuivre !... Je vous dis, Tauly, que vous serez content de moi.

— C'est que, Madame, — dit Nizam avec une bonhomie parfaite, — l'autre jour, un voyageur anglais m'a pris pour guide ; je l'ai conduit à Nerbudda, et il m'a donné un *half-crown*.

— C'est sir Edward ! j'en suis sûre ; il est capable de tout... Comment est-il, ce voyageur ?

— Un homme superbe...

— Oui... c'est lui qui fait courir le bruit qu'il est superbe... Soyez tranquille, Tauly, voilà mes arrhes...

— Trois souverains ! — s'écria Nizam avec un sourire de joie feinte et pleine de naturel.

— Dans cinq minutes, Madame, nous partons.

— Tauly, je ne demande que le temps de prendre mon costume de cheval.

— Un quart-d'heure, Madame, n'est-ce pas ?

— Oui... et ne parlez à personne de tout ceci. Si l'on vous fait quelque question, dites que nous allons en promenade aux environs de Roudjah...

— Très-bien, Madame.

Dans le vestibule, Nizam trouva le comte Elona, qui sortait en causant vivement avec M. Tower ; la figure du comte était celle d'un mourant qui entrevoit la damnation.

Nizam manœuvra si habilement, que personne ne stationnait devant l'auberge lorsqu'il parut avec ses deux chevaux. Nizam, en assistant à la scène de la table, avait raisonné ainsi : la comtesse Octavie est l'ennemie acharnée de mon maître sir Edward. Je ne sais pas bien quel plan a été tramé à Nerbudda, mais dans l'intérêt de la réussite de ce plan, il faut, à ne pas en douter, il faut que mademoiselle Amalia et M. Tower demeurent quinze jours à Roudjah, et que personne à Nerbudda ne soit instruit de leur arrivée trop précoce au Bengale. Si je refuse d'accompagner à Nerbudda la comtesse Octavie, elle prendra un autre guide ; si on lui ferme la porte du village, elle fera un scandale de démon, et mettra le feu aux quatre coins de Roudjah. Il n'y a donc pas d'autre parti à prendre, pour sauver la combinaison de mon maître, que le mien. Ce parti sent un peu le sauvage, mais la nécessité m'absout.

Ainsi raisonnait le trop dévoué Nizam, qui aurait incendié le Bengale pour tirer sir Edward d'un mauvais pas. Les hommes des pays torrides poussent à l'excès leurs vices et leurs vertus, et souvent ils les confondent en les exagérant.

Les habitants de Roudjah dormaient, à cette heure brûlante où le soleil descend du zénith. Quelques soldats veillaient seuls à la porte, et ils laissèrent échapper un murmure d'admiration lorsqu'ils aperçurent la gracieuse et hardie amazone qui s'élançait vers la campagne de toute la vitesse de son cheval. Nizam la précédait. En quelques heures d'élan pareil, on aurait pu franchir la distance de Roudjah à l'habitation du nabab... Ce n'était pas ce que Nizam avait résolu.

Nizam s'était peu à peu dépouillé de tous ses lambeaux de travestissement domestique. Le soleil embrasait son torse d'airain et le faisait luire comme le bas-relief d'une porte de pagode. Courbé sous les voûtes des bananiers, Nizam arrachait au vol leurs larges feuilles flottantes, pour renouveler sa coiffure dévastée par cet élan furieux. La comtesse Octavie, lancée sur le sillon de flamme tracé par son guide, ressemblait à un ange fasciné par un démon, et se précipitant avec lui, dans une excitation irrésistible, vers quelque gouffre de l'enfer. Le vent jouait dans les amples draperies de sa robe blanche, et les arrondissait comme des ailes de chérubin ; ses beaux cheveux noirs, bientôt déliés dans la lutte ardente du front contre l'air, ruisselaient en mille boucles et bondissaient comme une cascade d'ébène fluide sur l'ivoire des épaules et des bras. Les arbres isolés, les bois sombres, les vallées ténébreuses, les vastes rivières disparaissaient à chaque bond des chevaux, comme si la terre les eût engloutis. Bientôt les sillons cultivés expirèrent sur les limites d'un monde inconnu ; une nature formidable se déroula aux regards à l'approche de la nuit : des paysages de désolation bordaient une route étroite, et d'énormes roches hérissées d'arbres, répétaient mille fois en échos lugubres le fracas d'un double galop. Le sommet des montagnes gardait encore le dernier rayon du soleil, mais la nuit noircissait déjà le fond des vallons et l'eau des torrents, en prêtant d'horribles formes aux plantes, aux rochers, aux cavernes, à tous les décors de cette sauvage création.

La lumière s'éteignit subitement, et Nizam

s'arrêta. Il jeta autour de lui des regards pleins d'inquiétude en secouant la tête, comme s'il eût cherché à reconnaître un chemin oublié.

— Eh bien ! Tauly, dit la comtesse, vous avez perdu votre route ?

— Je le crains, Madame, répondit Nizam : je me suis trompé de vallée. J'ai pris à droite au lieu de prendre à gauche. Quand on est pressé d'arriver, on n'arrive pas...

— Il faut choisir un parti, pourtant... nous ne pouvons passer la nuit dans ces horreurs de désert...

— Peut-être...

— Comment ! peut-être !

— Madame, laissez-moi m'orienter... Oui, je sais à peu près où nous sommes, maintenant... nous avons mis tout une forêt entre nous et l'habitation de Nerbudda.

— Eh bien ! traversons la forêt.

— A cheval, c'est impossible, Madame ; les arbres sont pressés comme des chalumeaux de riz. A peine si nous pourrions faire notre chemin à pied.

— Voilà un fameux guide que j'ai pris ! — dit la comtesse en s'accompagnant d'un éclat de rire éploré.

— Le meilleur guide peut s'égarer, Madame...

— Oui, mais il ne doit pas égarer les autres...

— Je suis prêt, Madame, à vous rendre vos trois guinées...

— Effectivement, je serais bien avancée lorsque j'aurais repris mes arrhes... Tauly, je vous donnerai vingt livres de plus si vous me conduisez de ce pas à Nerbudda... Je vous comprends, Tauly ; il est impossible qu'un enfant du pays s'égare dans cette campagne... Vous faites une spéculation ; eh bien ! je vous permets de spéculer sur moi... Qu'exigez-vous ?

— Madame, quand vous me donneriez tous les diamants de Golconde, je ne pourrais pas retrouver mon chemin.

— Tauly, vous me laisserez donc passer la nuit ici?

— Eh! que voulez-vous faire, Madame?

— Je veux continuer ma route...

— Cette route, Madame, pourrait vous conduire, en deux journées à Mazulipatnam.

— Maudit Indien!

— Madame, voulez-vous que je vous donne un bon conseil? Faites comme moi, descendez de cheval, et aidez-moi à chercher quelque retraite à peu près sûre pour y passer la nuit. Demain, au lever du soleil, nous retrouverons plus aisément et sans danger notre chemin.

— Mais c'est désespérant, ce qu'il me propose là, cet Indien, avec le plus grand sang-froid du monde!

— Madame, je voudrais vous proposer quelque chose de mieux, mais c'est impossible, il faut se résigner.

— Oh! ceci est un horrible guet-apens! s'écria la comtesse en joignant ses mains sur le front.

— Parlons bas, Madame, parlons bas... il y a peut-être là des oreilles velues qui nous écoutent. L'heure est mauvaise, les chevaux ont des frissons sous la sueur, il y a des plaintes dans l'air.

Nizam prononçait ces phrases avec un calme effrayant, et ses grands yeux étincelaient comme deux tisons, en se fixant sur la jeune femme. Le vieillard somnolent de l'auberge de Roudjah semblait s'être transformé en route par un secret infernal. Nizam, la tête inclinée sur l'épaule, les bras insolemment croisés sur la poitrine, le pied droit tendu en avant, dans une pose menaçante, ressemblait au premier démon tentant la première femme, sous les arbres vierges de l'Éden. L'intrépide amazone, cramponné avec ses doigts convulsifs à la crinière de son cheval, ne pouvait détacher son regard du regard de l'Indien, comme l'oiseau fasciné par le serpent ; et elle frémissait à l'idée qu'une puissance surnaturelle allait la précipiter dans les griffes de ce démon des nuits. Impossible d'échapper par la fuite à quelque horrible malheur. Nizam venait de prouver, en descendant de cheval avec une agilité de clown, qu'il pouvait y remonter de même, et atteindre la fugitive dans le premier vallon ténébreux où le tigre seul pouvait entendre les cris du désespoir, et le secourir en égorgeant.

La comtesse Octavie prit alors cette résolution extrême que Dieu inspire toujours à la femme quand toute chance de salut est épuisée. Elle mit pied à terre, et se rapprochant de l'Indien : — Tauly, dit-elle avec sa plus douce voix, vous n'êtes pas aussi sauvage que vous le paraissez ; vous avez de l'esprit dans votre parole et des notes harmonieuses dans votre voix. Il y a, j'en suis sûre, de la bonté dans votre cœur et de la pitié dans votre âme. Vous êtes incapable d'un crime. Ne m'abandonnez pas, ne m'insultez pas ; protégez-moi, secourez-moi ; songez que vous serez heureux demain, si vous faites une bonne action cette nuit.

La mélodie de la grâce et de l'amour n'a pas de notes aussi suaves que la voix d'Octavie dans ce moment suprême. Nizam porta sa main à ses yeux pour essuyer une larme qui étincela, aux étoiles, comme une perle sur une couche d'airain. Le lion qui aurait entendu ce chant de la femme, aurait replié sous le velours sa griffe déjà tendue.

— Madame, dit Nizam, vous m'avez bien jugé; vous ne devez rien craindre de moi ; je n'ai dans l'esprit aucune idée criminelle. Une raison plus forte que ma bonté vous a conduite ici ; mais vous êtes sous ma protection, et il ne vous sera fait aucun mal.

— Et quelle est cette raison, Tauly, qui vous rend méchant malgré vous, et m'emprisonne dans ce désert?

— Vous la connaîtrez un jour, Madame, et vous m'excuserez.

— Tauly, je crois vous deviner !... Vous

êtes l'instrument d'un autre ; vous servez un maître impitoyable ; vous êtes l'exécuteur des horribles fantaisies de sir Edward... Vous gardez le silence ?... C'est bien !

— Je n'exécute les ordres de personne, Madame ; je le jure sur les saintes étoiles de Dieu.

— Alors, rendez-moi ma liberté ; conduisez-moi vers l'habitation du colonel Douglas. Soyez mon ange gardien, au lieu d'être mon démon persécuteur.

— Madame, vous me demandez l'impossible, Ne m'interrogez plus, je ne pourrais vous répondre. Je suis l'esclave d'un devoir qui ne m'a pas été imposé, mais qu'il me fallait remplir, dans une extrémité cruelle, liée aux évènements de ce jour. Madame, votre voix me touche, me charme, m'attendrit. Si je vous voyais à mes genoux, vous, belle comme la plus belle des reines chrétiennes, me parlant encore avec cette musique de lèvres qui ravit le pauvre enfant du Bengale, je serais forcé de fermer mon oreille et mon cœur, et de vous dire : Relevez-vous, Madame, et résignez-vous.

— Mon Dieu ! mon Dieu ! venez à mon secours ! s'écria la comtesse en tordant ses bras. — Oh ! plus de doute ! c'est un ordre de sir Edward qui m'enchaîne ici !

— Non, Madame, je vous le jure, non. Sir Edward ne m'a rien ordonné... Madame, il faut que je fasse mon devoir jusqu'au bout... L'heure est terrible. Le désert va se peupler dans les ténèbres, il faut chercher un abri ; venez, venez, suivez-moi.

Nizam fit un signe en prononçant quelques paroles, et les deux chevaux disparurent dans l'obscurité, pour obéir au geste de leur écuyer indien.

Octavie regarda le ciel, joignit ses mains, comme pour une prière mentale, et suivit son mystérieux conducteur.

UNE NUIT DANS LES BOIS.

IX

Au carrefour d'une forêt, s'élevait du milieu des massifs épais de verdure, une de ces vastes cabanes, où les Indiens déposent les récoltes de riz après la moisson. Ces masures ressemblent assez aux châlets suisses ; elles sont bâties sur des pieux qui séparent leur plancher du sol, et de larges couches de bambous desséchés garnissent leur toit. On monte à l'ouverture supérieure, porte ou fenêtre, par une échelle informe. Cette cabane, connue de Nizam, et sa demeure habituelle, était depuis longtemps abandonnée, car une jeune forêt s'élevait sur ce terrain qui fut autrefois une rizière. L'intérieur n'avait pour ameublement qu'un lit de feuilles sèches ; et les cloisons, disjointes par le soleil et les ouragans, donnaient passage aux lueurs mélancoliques de la nuit.

Nizam appliqua l'échelle sur la façade de bois vermoulu, et fit à la comtesse le signe, montez.

La jeune femme, ayant tout épuisé, s'arma d'une héroïque résolution, et se réfugia dans cet asile, où du moins elle était en sûreté contre les bêtes fauves, qui déjà commençaient, aux vallées lointaines, leur formidable concert de carnage et d'amour.

—Maintenant, madame, dit Nizam, prenez votre repos, et fiez-vous à moi, je ne vous abandonnerai pas.

—J'ai confiance en Dieu, répondit Octavie. Au premier rayon de soleil, si je suis vivante, rien ne pourra me retenir dans cet horrible lieu, dussé-je me faire mettre en lambeaux.

Nizam avait disparu. Octavie entendit longtemps encore le bruit des pas de son étrange guide, qui brisait, dans sa course, les rameaux et les larges feuilles des plantes, pour se frayer un chemin. Puis, tout murmure qui venait de l'homme s'évanouit ; la nature indienne réveilla les voix et les échos de ces nuits sauvages. Des plaintes lugubres descendaient des montagnes et se mêlaient à d'épouvantables mugissements: victimes et ravisseurs entraient en scène, jetant aux étoiles les râles de l'agonie et les cris de la volupté du sang. L'arbre et la plante semblaient frémir et vibrer sous le tonnerre de ces voix aiguës qui passaient dans l'air avec le vent des nuits, et dominaient le fracas des torrents et des cararactes aux limites lointaines de l'horizon.

Octavie, assise au bord de la seule fenêtre de la cabane, soutenait sa tête avec sa main, et sondait du regard la profondeur du bois où elle avait vu disparaître son guide. Nizam avait enlevé l'échelle de bois, sans doute pour mieux abriter la jeune femme contre les bêtes fauves, toujours si promptes à l'escalade, quand elles flairent la chair.

Après trois heures d'attente fiévreuse et de désespoir muet, Octavie entendit un frémissement de feuilles qui annonçait une direction intelligente ; elle entendit un écho double et précipité, révélant le mécanisme de deux pieds humains, car les griffes veloutées des bêtes fauves s'amortissent sourdement sur le gazon. Le cœur de la jeune femme battait avec violence, et ses yeux démesurément ouverts embrassaient le carrefour du bois pour découvrir, à son premier pas sur le terrain nu, l'ange ou le démon qui venait décider de son sort.

Un homme vêtu de blanc s'élança hors du bois avec une agilité merveilleuse, et s'arrêta devant la masure indienne. Octavie se laissa retomber en arrière, dans l'ombre des cloisons: elle avait reconnu sir Edward !

Edward regarda quelque temps avec attention la cabane, comme s'il eût hésité sur le parti qu'il avait à prendre ; puis il s'avança d'un air délibéré, appliqua l'échelle au mur, gravit trois échelons à la fois, et s'arrêtant sur le dernier, il appela doucement la comtesse d'Octavie par son nom.

— J'aurais l'air de vous craindre, monsieur, si je ne vous répondais pas, dit la comtesse sans se montrer ; — je n'ai que quelques mots à vous dire, et je vous les dirai. Vous êtes un homme infâme, et ce que vous avez fait contre moi est odieux ; c'est une dame qui vous flétrit. Maintenant, continuez ; tout ce que vous tenterez sera chose vulgaire ; vous ne vous surpasserez pas dans votre criminelle lâcheté. Je vous conseille de vous arrêter là, pour votre honneur.

Cette voix aiguisée par l'ironie, et vibrant au milieu des ténèbres, arrivait aux oreilles d'Edward comme une foudroyante accusation sortie d'une tombe.

—Vous regretterez vos paroles, madame ; j'en suis sûr, dit Edward avec son organe le plus doux. Votre guide a péché par luxe de dévoûment; il n'avait reçu aucun ordre de moi, je vous le jure dans cette heure solennelle et dans ce désert redoutable où la mort est peut-être sous mes pieds. Lorsque l'Indien m'a annoncé que vous étiez ici, oh! me suis-je écrié, voilà une action qui me déshonore, si je ne la répare pas au péril de ma vie!... et je suis venu, madame, ne voulant confier à personne le soin de veiller sur vous et de vous arracher aux horreurs de cette nuit... Voulez-vous venir à Nerbudda, madame, à l'instant même? Venez, nous ne sommes qu'à trois lieues de l'habitation. J'ai de bonnes armes pour vous et pour moi; les sentiers du bois me sont connus; les périls de la nuit me sont familiers. Ne craignez rien.

—Eh! sais-je, monsieur, si vous ne me tendez pas un nouveau piège? Quelle foi puis-je ajouter à vos paroles, dans cet horrible lieu où j'ai été conduite, d'après votre propre aveu, par un serviteur trop dévoué à sir Edward?

—Madame, réfléchissez un instant, je vous prie... N'êtes-vous pas en mon pouvoir ? Quelle est la loi qui vous protège, à cette heure? Si j'étais un homme infâme, ayant toute sorte de ténébreux desseins et de puissantes rancunes contre vous, je ne me serais pas exposé, seul, dans ce désert, pour venir à votre secours ; je ne me serais pas arrêté, par respect, sur le seuil de votre asile. A force de m'accuser, vous me justifiez... Bien plus, madame, le moment est si impérieux qu'il m'oblige à vous faire un aveu impossible, et que je regretterai demain...

—Voyons, quel est cet aveu ?

—Comtesse Octavie, je vous aime... Cela vous épouvante, madame, je le comprends. Je vous aime sans espoir, avec jalousie, avec fureur. Je suis un homme infâme ; je vous ai conduite dans un piège. Aucun témoin ne peut assister à une vengeance, à un crime, à un attentat violent, hormis le tigre, qui peut y gagner un cadavre ! J'ai le droit de tout oser sans rien craindre que Dieu, auquel je ne crois pas, moi infâme ! J'ai les armes, le courage, la force, la passion, la scélératesse, l'impunité... Comtesse Octavie, vous m'avez bien jugé, vous me connaissez bien, votre effroi est légitime... Eh bien! tenez, voilà mes armes ; les voilà toutes : les détentes obéissent aux plus faibles doigts... Vous êtes forte maintenant ; ma vie est entre vos mains. Ma poitrine est nue, mes bras sont croisés. J'attends !

—Sir Edward, — dit la comtesse d'une voix émue, — la nuit et ma position me conseillent la méfiance... Ce que vous avez fait, ce que vous venez de dire est grand et noble, je l'avoue, mais...

—Ah ! vous n'êtes pas rassurée, madame !... Je suis encore trop près de vous, peut-être... Attendez... je vais descendre ; je trouverai mon lit de repos dans ces herbes ; je garderai votre sommeil ou votre veille, et demain, à l'aube, j'arrive avec un peuple de serviteurs, et je vous ramène triomphante à Nerbudda !

—Sir Edward, vous êtes sincère, je le crois;

mais vous êtes inexplicable. Quel malin génie vous lance toujours à travers mes projets pour les bouleverser ? A Smyrne, vous avez résisté à mes prières, je dirai même à mes séductions; vous vous êtes éloigné brutalement de moi, au moment où je vous parlais un langage qui simulait assez bien la tendresse. Hier, vous envoyez le comte Elona et un Indien, votre esclave trop dévoué, pour briser une seconde fois le mariage du colonel Douglas... Vraiment, sir Edward, on dirait que vous êtes amoureux d'Amalia, et que toutes vos machinations, dans les deux hémisphères, tendent à faire échouer ce mariage au profit de votre amour.

—Madame, dit Edward, ceci n'est pas mon secret; c'est le secret d'un autre, et le temps, ce grand indiscret, vous le fera connaître. Il doit me suffire aujourd'hui de vous dire que je n'ai aucune raison personnelle de contrarier le mariage de votre jeune amie. S'il plaît au colonel Douglas de l'épouser demain, qu'il l'épouse, je signerai au contrat en riant. Vous me reprochez de m'être éloigné brutalement de vous, à Smyrne. Ce reproche est mérité. Oui, Madame, je n'eus pas l'amour-propre, cette nuit-là, de prendre au sérieux votre doux langage de séduction; vous étiez d'autant plus dangereuse que vous me faisiez comprendre à quel degré de bonheur pouvait s'élever l'homme, divinisé par votre amour. Oui, je me suis éloigné, pour ne plus vous revoir; j'ai mis deux océans et un monde entre nous deux; j'ai juré de ne jamais ouvrir mon oreille à votre redoutable et charmante parole... Serment violé ! On vient de me dire que vous êtes ici, dans cette hutte lépreuse, entre les ténèbres des bois et de la nuit, exposée aux bêtes fauves, comme une martyre... Oh ! j'aurais été mille fois parjure envers moi-même !... Si vous m'eussiez vu, comtesse Octavie, vous auriez peut-être résolu de commencer, un jour, de m'aimer. J'ai pris mes meilleures armes; j'ai franchi au vol les torrents et les bois, je suis venu pour vous sauver. Me voici pour votre vie et pour ma mort s'il le faut !

Il y eut un moment de silence. Tous les murmures qui venaient du bois et des vallons étaient tristes ou affreux. Le vent soufflait avec furie dans les crevasses de la hutte indienne, et les arbres voisins couverts de longues lianes les agitaient comme d'immenses chevelures de reptiles, de sorte que tous les boas du Bengale semblaient darder leurs aiguillons et leurs sifflements sur les murs croulants de la cabane. Les vieux arbres criaient sur leurs racines, comme s'ils eussent fait des adieux d'agonie avant de s'écrouler sous l'ouragan; les cavernes mugissaient comme les gueules béantes de monstres inconnus. La forêt, sombrement éclairée à sa cime, trahissait le mystère de ses horreurs par une tempête de cris, de plaintes, de râles, de soupirs, de grincements: c'était un monde ténébreux, envahi par le peuple de ses nuits, et racontant aux étoiles une nouvelle page de son histoire sanglante commencée le soir de la création.

Edward, assis sur le seuil de la porte aérienne,

appuyant son pied sur le dernier échelon et croisant ses bras, donnait des regards tranquilles à ce monde et semblait le défier d'être plus orageux que lui.

—Sir Edward—dit la comtesse avec une voix amie — il y a des yeux terribles là-bas qui peuvent vous apercevoir...

—Ce ne sont pas ceux que je crains, Madame.

—Mais vous n'êtes pas seul ici, Monsieur, quelques échelons nous séparent de cette ménagerie insurgée; vous me découvrez en vous découvrant.

—Cette raison me décide, Madame; elle est sans réplique. Aussi voyez, j'oublie pour vous obéir le respect que je vous dois. J'ai fait un pas de plus; les yeux terribles du dehors ne peuvent plus me voir, et je suis encore bien éloigné de vous... Il faut toujours d'ailleurs obéir aux femmes dans les moments sérieux — ajouta-t-il sur le ton de sa légèreté habituelle—elles ont le pressentiment de l'inconnu. Vous savez, Madame, ce qu'on a dit de vos mères les Gauloises. Elles y voyaient clair dans les forêts druidiques... Madame, vous êtes en sûreté ici, et vous avez une de ces organisations qui ne redoutent que le commencement du danger ; ainsi je puis vous faire part de ma découverte : ce n'est pas chose rare au Bengale après minuit.

Edward fit un signe avec son doigt, et Octavie, sans changer de place, suivit l'indication, à travers une large crevasse du mur.

Des circonstances fort naturelles ayant donné à nos deux personnages l'étrange position de cette nuit, ce n'était pas chose rare au Bengale, comme disait Edward, de voir ce que nous allons décrire. Dans nos campagnes d'Europe, un pareil tête-à-tête pourrait être assez communément troublé par un aboiement de chiens de ferme, une caravane de chasseurs, une escouade de ravageurs nocturnes en maraude, ou de moissonneurs visitant leur grange avant l'aurore. Ces accidents paraîtraient naturels dans le récit. Au cœur du Bengale, les contrariétés changent de forme et de nom : elles sont un péril et une épouvante. Il faut prendre les pays comme Dieu les a faits. Sir Edward, qui connaissait l'Inde et les mœurs de ses habitants fauves, savait bien que le bruit des paroles humaines et l'odeur de la chair fine attireraient, après le milieu de la nuit, quelques bandits quadrupèdes autour de la cabane, et il était persuadé que ce terrible épisode donnerait plus d'éclat encore à son dévoùment, et servirait à merveille les intérêts de son amour.

Deux tigres de la plus noble race avaient tout exprès choisi cette nuit pour donner à leurs enfants la première leçon de maraude ; les petits étaient charmants, ils jouaient avec l'innocence du bel âge, et leurs parents, heureux témoins de ces ébats, oubliaient, par intervalles, leur gravité superbe, pour se mêler à leurs jeux. A chaque secousse du vent, des fruits ronds pleuvaient des arbres, et les jeunes tigres, arrondissant leur dos, couraient en bonds obliques sur ces hochets, présents de la nature, et roulaient avec eux, les pattes raidies et la queue ondoyante, dans des accès furieux de souplesse gracieuse et de naïve gaîté. Lorsque les bons parents voyaient ces étourdis s'aventurer sur la limite ténébreuse du bois, où quelque tigre célibataire, quelque Hérode jaloux pouvait les étrangler à leur berceau, ils se précipitaient, en deux élipses immenses, vers ces imprudents nourrissons, et les ramenaient sur le terrain nu, à coups de caresses. La tendre mère daignait alors se souvenir qu'elle avait été enfant comme eux, et elle lutinait avec nos écoliers, en repoussant mollement leurs petits ongles vierges avec sa large griffe, tandis que sa langue énorme les couvrait d'un baiser à chaque ondulation convulsive de leur corps. Le vieux mâle veillait au salut de sa famille; il alongeait son muffle vers les carrefours suspects, en fermant ses yeux à demi et faisant frétiller ses narines; il sondait, en le flairant, le mystère d'un épais buisson, trop calme pour être pur d'embûches; il élevait ses oreilles de toute leur hauteur, afin de distinguer, dans les murmures de la nuit, ceux qui venaient de l'ennemi ou de la tempête; et lorsque ses observations lui donnaient un instant de sécurité domestique, il contemplait obliquement, avec une joie contenue et des yeux humides de tendresse paternelle, ce touchant spectacle d'une mère si heureuse au milieu de ses fils bien-aimés. Tout-à-coup, le grand tigre courba ses oreilles en signe de détresse, ramena sa queue sous le ventre, et distilla entre ses dents un râlement incisif et prolongé. Sa compagne suspendit à ses lèvres un nourrisson, en écartant l'autre qui bondissait déjà vers son frère, pour continuer le jeu dans cette nouvelle position, et au second signal d'alarmes, la prudente mère s'élança vers des massifs de roches mousseuses, et disparut en emportant ses petits. Un moment après, elle vint reprendre sa place à côté du mâle. On aurait dit que le chef de la maison avait parlé ainsi : « Je flaire dans l'air un danger inconnu ; il y a de ce côté des animaux sans nom ; emporte les petits chez nous, et viens me rejoindre ». Nous avons l'orgueil de croire nous, humains, que la parole est notre propriété exclusive. Les animaux ont aussi une langue ; il parle moins que nous et se comprennent beaucoup mieux.

L'allure du père de famille prit un nouveau caractère d'audace lorsqu'il eut acquis la certitude que ses enfants étaient en lieu de sûreté. Cependant, il n'oubliait pas les saintes lois de la prudence que la nature a gravées dans le cœur du tigre, ce qui le fait souvent accuser de lâcheté par le naturaliste poltron. Le tigre est hardi au même degré de l'homme sauvage, qui accepte toujours la lutte à armes égales, et recule sans honte lorsque le péril ne donne aucune chance de victoire à l'imprudent qui veut le braver. La civilisation fanfaronne a inventé les absurdes héros qui disent :

> Paraissez Navarrois, Maures et Castillans...
> Réunissez-vous tous et formez une armée
> Pour combattre UNE main...

Un parterre de tigres et de sauvages rirait aux larmes en écoutant ce défi.

Il avançait donc, le cou tendu, les jambes raccourcies, la patte sur le velours, affilant son corps, et tout prêt à l'attaque ou à la fuite, selon le genre, l'espèce et la force de l'ennemi soupçonné. A l'aspect de la hutte indienne, il se replia vivement sur ses pattes de derrière, en donnant à son mufle une contraction nerveuse effrayante ; sa femelle fit la même chose : mais après une réflexion rapide, il eut l'air de se dire à lui-même qu'il avait rencontré souvent de semblables cabanes dans les bois, et que rien de dangereux n'était jamais sorti de là. Les exhalaisons de chair humaine remplissaient l'air, à cent pas de la hutte ; c'était du moins ce qu'il fallait admettre, car, à cette distance, les deux tigres enfonçaient avec fureur leurs narines dans le vide, et leurs langues recourbées comme des sandales d'odalisques semblaient faire provision d'écume pour le festin que la brise odorante leur annonçait. Parvenus au bas de l'échelle, nos bandits fauves flairèrent longtemps les premiers échelons, et le mâle appuya ses pattes antérieures, comme pour essayer la solidité du bois, avant de tenter l'escalade. Sa compagne donnait des signes d'inquiétude fiévreuse, et tendait son oreille au sillon du vent, pour écouter les plaintes lointaines de ses pauvres petits abandonnés.

Edward, étendu à plat ventre, et la tête couverte de feuilles sèches, sentit se mouvoir sur son oreille droite, le velours de deux lèvres charmantes, et il entendit un souffle qui lui disait : Au nom de Dieu ! renversez l'échelle !

La main d'Edward, tendue horizontalement sur le plancher, fit le signe qui rassure au moment du péril.

Le tigre, qui avait jugé au degré des exhalaisons et à la faiblesse de la voix que l'ennemi n'était pas redoutable, flairait les échelons et les montait un à un avec une lenteur superbe, se cramponnant au mur d'un coup de griffe, quand l'escalier semblait fléchir sous le poids de l'énorme assaillant. Déjà sa large face, hérissée de poils rudes et zébrée de noir, atteignait le niveau de la fenêtre, en exhalant, par sa gueule ouverte, une tempête gutturale d'aspirations, lorsqu'Edward saisit le haut de l'échelle d'une main, fit feu de l'autre, à bout portant, sur le monstre, et précipita le cadavre et l'escalier avec une vivacité d'exécution qui révélait la longue expérience de l'intrépide chasseur.

L'autre tigre, qui ne pensait qu'à ses petits, poussa un mugissement terrible, et s'élança vers leur retraite pour voir s'ils n'avaient pas été tués du même coup. Au bruit de l'arme, des nuées d'oiseaux obscurcirent les étoiles et mêlèrent une symphonie aérienne de cris rauques aux mugissements des bêtes fauves, chassées vers l'horizon, dans un accès général de folle terreur.

Edward se releva lestement et dit : — Il est cruel de jeter le deuil dans un ménage si bien uni ; mais le salut public avant tout.

Octavie, debout devant lui, immobile de stupéfaction, ressemblait à une magnifique statue, inondée de draperies blanches, et descendue dans le tombeau sur lequel l'avait posée le sculpteur.

— Eh bien ! Madame, dit Edward, vous qui êtes affamée d'émotions, comment trouvez-vous celle-ci ? Voilà nos idylles au Bengale : une chaumière et deux bergers assaisonnés de tigres. C'est du pastoral indien. J'espère vous avoir servie à votre goût ?

— Vous avez été admirable, sir Edward, dit la comtesse avec une voix bien émue encore ; mais il me semble que vous avez permis au tigre de s'avancer un peu trop.

— Votre observation est juste, Madame, dit Edward d'un ton toujours plus léger. C'est qu'une idée m'a traversé le cerveau... une idée anglaise ! Shakespeare l'a oubliée dans le Songe d'une nuit du milieu de l'été. C'était une lacune à remplir.

— Quelle idée ? voyons, sir Edward...

— Oh! vous ne la comprendrez pas. C'est de l'amour inintelligible... J'ai eu l'idée de laisser entrer le tigre sans me défendre.

— Mais il nous aurait dévorés, vous et moi...

— Tout juste... J'ai failli céder à cette voluptueuse tentation de me laisser engloutir avec vous dans le même tombeau vivant.

— Quelle horreur! sir Edward.

— Ah! je regretterai peut-être un jour une si belle occasion! Puisqu'il faut que je meure, je ne trouverai jamais un genre de mort plus séduisant.

— Vous m'auriez donc sacrifiée ainsi, moi, sans me consulter? dit Octavie avec son premier sourire.

— Voilà justement la considération qui m'a retenu. La seconde idée a corrigé la première; mais je frissonne de joie en songeant au bonheur ineffable dont je me suis privé, par égard pour vous.

— Par égard est charmant!..... Maintenant

dites-moi, sir Edward, comment allons-nous sortir de ce gîte suspendu !

— Nous en sortirons, Madame ; n'ayez aucune inquiétude ; mais nous ne pouvons descendre qu'au grand jour. Il faut que le soleil vienne purifier les bois, selon son habitude de six mille ans. Les dernières étoiles montent à l'horizon de l'aurore, et le bengali se réveille à la cime des palmiers. Après le rugissement du tigre, le chant du bengali. La nature indienne aime les contrastes ; c'est une grande artiste comme vous.

— A sa place, je supprimerais les tigres, et je garderais les bengalis.

— Vous feriez une faute, Madame. On périrait bientôt d'ennui au Bengale ; ce serait comme à Londres. Au bout de quinze jours, on vous réclamerait les tigres par droit de pétition.

— Oui, c'est possible ; je conçois cela, sir Edward.

— Donnons-nous la peine de nous asseoir ;

nous causerons mieux à notre aise, dit Edward en affectant, avec un naturel exquis, de mettre la conversation sur le ton de frivolité le moins alarmant du monde ; demain, Madame, nous aurons passé une nuit charmante, et c'est aux tigres que nous la devrons. Savez-vous, Madame, ce que font vos belles et riches amies de Paris, en ce moment, car il fait grand jour làbas ? Elles se promènent entre deux allées tumulaires de cyprès au bois de Boulogne ; et lorsqu'un cavalier passe et dit : Voilà un bel équipage, ma foi ! elles éprouvent une douce émotion. Mais on ne peut pas vivre longtemps joyeux avec le bonheur de s'entendre dire chaque jour que l'on a de beaux chevaux : l'ennui ne tarde pas de se mettre de l'équipage et de prendre la livrée de la maison ; c'est le seul valet qu'on ne chasse pas. Dernièrement, à Londres, un malheureux et pulmonaire écrivain a publié un livre destiné à faire le bonheur des classes pauvres. J'allais, à mon tour, publier un ouvrage plus sérieux et plus vrai, destiné à faire le bonheur des classes riches, lorsque je fus obligé de partir. C'est un dessein ajourné. Vous ne sauriez croire, Madame, de quel profond sentiment d'amertume et de tristesse noire je suis brûlé autour de mon cœur, lorsque j'assiste à un pompeux défilé de calèches à l'hippodrome d'Hyde-Park ! Toutes ces dames richement voiturées ressemblent à des veuves indiennes qui vont se brûler sur le bûcher de leurs maris. Ce n'est pas une promenade, c'est un convoi lugubre où chacun a l'air d'aller s'inhumer de son vivant. Eh ! ne vaut-il pas cent fois mieux, quand on a le malheur d'être né riche, courir le monde, comme vous et moi, à travers des naufrages, des batailles, des tigres, des cannibales, des incendies, et consommer chaque jour les émotions d'une vie entière, et accumuler pour sa vieillesse des trésors de souvenirs amusants que l'on se raconte à soi-même quand on ne marche plus ? car, c'est une grande erreur de croire qu'il y a plus de danger à traverser les océans et les bois sauvages qu'à promener ses ennuis dans Hyde-Park. Dieu donne deux anges gardiens à ceux qui, pour feuilleter toutes les pages de son œuvre sphérique, savent vaillamment affronter mille morts.

— Sir Edward, dit Octavie, vous n'aurez pas de peine à me convertir à votre foi. Je suis complètement de votre avis. Mais savez-vous bien aussi, Monsieur, que cette vie de périls et d'émotions a d'autres avantages dont vous ne parlez pas? A Smyrne, je vous ai accablé de ma haine et de mes malédictions; sur les bords de l'Hermus, je vous ai voué aux dieux infernaux. Si nous eussions vécu, vous et moi, en Europe, dix ans m'auraient à peine suffi pour calmer mon ressentiment implacable; eh bien! ici, il ne m'a fallu qu'une heure pour me réconcilier avec vous. Quel chemin nous avons fait dans une heure! En pareil cas, il faut si peu de temps pour connaître un homme.

— Madame, excusez-moi, si je vous prie de causer d'autre chose — dit Edward, d'un ton pénétré — ne parlons pas de nous. Le moment n'est pas opportun. En entrant ici, j'ai été forcé de vous parler de moi ; la circonstance l'exigeait : mais puisque vous avez daigné m'adresser quelques paroles amies, je dois renvoyer à d'autres moments un entretien personnel, qui serait une inconvenance, à cette heure et dans cet endroit.

— Sir Edward, vous mettez du luxe dans votre délicatesse, comme dans votre courage. Je comprends maintenant pourquoi vous m'avez fait un long discours sur la vie nauséabonde des cités, comparée à la vie émouvante des voyages ; c'est un raffinement de tact inouï. Vous avez voulu donner à notre conversation une allure joyeuse et vagabonde qui devait rejeter bien loin tout épisode personnel. Vous avez voulu aussi me distraire de la scène horrible, dont vous êtes le héros, et abréger une triste veillée qui ne doit finir qu'au lever du soleil. Cela est noble, généreux et grand, sir

Edward. Je vous permets de vous approcher et de me serrer la main.

— Comtesse Octavie, dit Edward, je vous obéis.

— C'est bien, Monsieur ; mon amitié vous est acquise ; elle doit durer autant que le souvenir de cette mémorable nuit.

— Madame, les étoiles de l'Orient pâlissent ; il n'y a point de crépuscule dans cette zône ; le soleil va bondir sur la montagne, sans avertissement. J'attends son premier rayon pour rappeler quelque chose à votre souvenir.

— A mon souvenir, sir Edward ! Voyons, rappelez-moi ce que j'ai oublié.

— Oh ! vous ne l'avez pas oublié, Madame, j'en suis bien sûr !...

Il se fit un long silence, que la jeune femme interrompit enfin, en s'écriant dans un transport de joie :

— Sir Edward, voilà le soleil.

— Comtesse Octavie, une nuit de fête, à Smyrne, vous avez dit ceci : « Je pourrais donner mon cœur et ma main à l'homme qui attacherait à mon anneau nuptial le souvenir d'une action éclatante, accomplie pour moi... » Avez-vous dit cela, Madame ?

— Je l'ai dit, sir Edward, dit Octavie d'une voix pleine de trouble ; mais vous n'étiez pas à côté de moi lorsque j'ai prononcé ces paroles...

— Je les tiens de la bouche du comte Elona.

Octavie baissa la tête, et parut, quelques instants, comme abîmée dans ses souffrances.

— Le comte Elona, poursuivit Edward, n'a pas oublié ces paroles...

— Il a oublié l'action, dit Octavie d'une voix intérieure. Au reste, ajouta-t-elle d'un ton léger, nous sommes, vous et moi, deux ingrats, sir Edward ; nous n'avons pas remercié le soleil. A force de songer à nous, nous nous sommes oubliés. Ne dirait-on pas que la comtesse Octavie s'éveille dans son hôtel de la rue Neuve-du-Luxembourg, et qu'elle règle ses comptes avec son intendant ? Ah ! je me rappelle aussi, maintenant, que j'ai oublié ma femme de chambre à Roudjah ! Mon Dieu ! comme le soleil donne de la joie après une sombre nuit !

Dès que la première lueur courut dans la vaste ruine et mit en relief, sur un fond encore ténébreux, le visage divin de la jeune femme, Edward se leva et salua respectueusement sa compagne, comme s'il fût entré dans son salon pour lui rendre une visite du matin :

— Madame, dit-il, je ne vous fais pas la question ordinaire ; je ne vous demande pas : Comment avez-vous passé la nuit ? mais je puis vous affirmer que la journée sera bonne et douce pour vous...

— Sir Edward, cette cabane est affreuse ; eh bien ! s'il me faut rentrer à Roudjah, j'aime mieux rester ici !

— Vous n'irez pas à Roudjah, Madame ; vous irez dans une habitation délicieuse, toute pleine du luxe anglo-indien ; vous serez servie par de jeunes esclaves libres, et servie à genoux comme la divinité du Bengale ; vous aurez des tapis de fleurs sous vos pieds, des chants d'oiseaux dorés pour votre musique, des gazons de velours pour vos lits de repos, des couronnes de fraîcheur suave pour votre front.

— C'est charmant ce que vous me promettez là ! dit la comtesse en joignant ses mains, et les détachant l'une de l'autre pour les présenter à sir Edward. — Et partirons-nous bientôt pour ce paradis ?

— Bientôt, Madame : l'homme que j'attends ne tardera pas.

— Mais nous pouvons, je crois, maintenant nous montrer au balcon de ce palais, et regarder la campagne... Il me semble, sir Edward, qu'il n'y a plus de danger... Je veux voir au grand soleil vos exploits.

Octavie s'appuya contre le cadre de la fenêtre, et regarda le tableau extérieur.

La campagne rayonnait de gaîté matinale ; les arbres et les fleurs sauvages semblaient tressaillir aux premières caresses du soleil, et se purifier, sous la rosée, des souillures de la nuit ; l'air était harmonieux du chant des petits oiseaux, du roucoulement des tourterelles grises et de la joyeuse symphonie des eaux vives jouant avec les brins d'herbe et la tige flottante des iris. La nuit avait emporté l'ouragan avec elle, et le jour ne trouvait en naissant qu'une verdure calme dans le paysage, l'éclat de toutes les nuances sur toutes les fleurs, les émeraudes, les saphirs, les topazes, les rubis ailés, chantant sur toutes les feuilles, une ceinture d'or aux horizons et le bleu de l'Inde au firmament.

Un seul cadavre accusait les trahisons de la nuit ; il gisait devant la cabane frappé au front, les pattes raidies par la mort, la langue enflée et vomie par des lèvres sanglantes, les yeux à demi ouverts et pleins encore d'une formidable expression. Il semblait que la nuit dernière un artiste avait armorié le blason du Bengale sur un champ de sinople en y jetant un tigre en pal. Octavie laissa tomber un regard de commisération sur ce cadavre superbe. Les femmes ont au cœur un si grand trésor de pitié qu'elles peuvent en accorder même à un ennemi mort.

Enfin un galop de chevaux annonça l'arrivée de Nizam.

— C'est mon guide d'hier ! — dit la comtesse en reconnaissant l'Indien à la sortie du bois.

— Oui, Madame, dit Edward ; mais cette fois il ne vous égarera pas.

— Je lui pardonne, sir Edward.

— Ah ! vous allez le rendre bien heureux en lui annonçant vous-même cette nouvelle.

Disant cela, Edward se suspendit à une longue et forte branche inclinée devant la hutte, et se laissa couler sur le gazon en un clin d'œil. Nizam couvrit le tigre mort d'un amas de feuilles sèches, purifia l'échelle du sang noir qui la souillait, l'appliqua solidement sur la façade, et se mit à l'écart pour permettre à la jeune femme de descendre en toute liberté.

Pendant qu'elle descendait, Nizam dit à

l'oreille de sir Edward : — Vos ordres sont exécutés, tout va bien.

Edward courut à Octavie, fit approcher le cheval sellé pour elle, mit un genou à terre en guise de marche-pied, et la charmante amazone, joyeuse et belle comme l'aurore, chemina bientôt à côté de son intrépide compagnon.

Nizam ouvrait la marche dans les étroites allées du bois, et fauchait en agile moissonneur tous les rameaux flottants qui pouvaient gêner la marche d'Octavie. Edward veillait sur elle, la main sur le pommeau de ses pistolets.

FIN DU TOME PREMIER.

TABLE DU PREMIER VOLUME.

TABLE

DU PREMIER VOLUME.

—

LA GUERRE DU NIZAM.

I.	Un Bal de noce a Smyrne.	1
II.	A Golconde.	69
III.	L'Habitation de Nerbudda.	101
IV.	La Veillée.	143
V.	Les Taugs.	161
VI.	Une Lettre.	177
VII.	La Fable Indienne.	251
VIII.	Au Village de Roudjah.	251
IX.	Une Nuit dans les Bois.	289

LES NUITS ITALIENNES,

Par **PAUL DE MUSSET**. 2 vol. in-8°.

LAURE D'ESTEL,

Par Mme **SOPHIE GAY**. 2 vol. in-8°.

L'ÉLÈVE DU LYCÉE IMPÉRIAL,

Par É. **MARCO DE SAINT-HILAIRE**. 2 vol. in-8°.

SOLANGES,

Par Mme **MARIE DE L'ÉPINAY**. 2 vol. in-8°.

UNE CONSPIRATION AU LOUVRE,

Par **MÉRY**. 2 vol. in-8°.

AMOURS DE PARIS,

Par **PAUL FÉVAL**. 6 vol. in-8°.

www.ingramcontent.com/pod-product-compliance
Lightning Source LLC
Chambersburg PA
CBHW072005150426

43194CB00008B/1007